教育教学理论与现代教育技术研究

廖基胜 鄢东 刘磊 著

吉林摄影出版社
·长春·

图书在版编目（CIP）数据

教育教学理论与现代教育技术研究 / 廖基胜，鄢东，刘磊著. -- 长春：吉林摄影出版社，2022.9
ISBN 978-7-5498-5486-8

Ⅰ．①教… Ⅱ．①廖… ②鄢… ③刘… Ⅲ．①教育理论－理论研究②教育技术学－研究 Ⅳ．①G40 ②G40-057

中国版本图书馆CIP数据核字（2022）第166433号

教育教学理论与现代教育技术研究
JIAOYU JIAOXUE LILUN YU XIANDAI JIAOYU JISHU YANJIU

著　　者	廖基胜　鄢　东　刘　磊
出 版 人	车　强
责任编辑	李　冰
封面设计	文　亮
开　　本	787毫米×1092毫米　1/16
字　　数	220千字
印　　张	10.25
版　　次	2022年9月第1版
印　　次	2023年1月第1次印刷

出　　版	吉林摄影出版社
发　　行	吉林摄影出版社
地　　址	长春市净月高新技术开发区福祉大路5788号
	邮编：130118
网　　址	www.jlsycbs.net
电　　话	总编办：0431-81629821
	发行科：0431-81629829
印　　刷	河北创联印刷有限公司

书　号	ISBN 978-7-5498-5486-8	定　价：	56.00元

版权所有　　侵权必究

前　言

信息技术的快速发展，使教学媒体功能不断增强，教学资源极大丰富，教学环境日渐改善，并使教学媒体的综合性、集成性不断提高。因此，探究教育教学理论与现代教育技术的内涵和规律十分必要。本书立足于教育教学与现代教育技术的理论和实践两个方面，首先对教育教学的概念与发展进行简要概述，介绍了教育目的、教育功能及教学组织与实施等内容；然后对教育技术的相关应用进行梳理和分析，并对信息化教学的设计与融合应用方面进行了探讨。本书论述严谨，结构合理，条理清晰，内容丰富，能为当前的教育教学与现代教育技术相关理论的深入研究提供借鉴。

信息化视域下，我国教育领域面临着被技术异化的困境，教育问题不断涌现。现代教育技术作为含有丰富教学资源、大量信息数据、有效教育信息的教育载体与教育形式，将其应用于教育教学活动中，对于有效突破教育困境，提升教学质量有着较高帮助。

现代教育技术的应用，与其一味地丰富教学物质环境，不如努力将传统教育课堂真正建设成一种能够激励学生、唤醒学生的持久美丽的平台，使学生在这个平台学习时，能够充分领悟人类心灵的博大与深邃。其次，在应用现代教育技术时，教师还应把握信息技术与课程整合的根本出发点，即发展学生的智力和创造力，培养学生的发散性思维与学习能力，清楚现代教育技术作为教学手段、教学目标和教学理念的区别与联系。然后，根据学生的个性差异化特点、学科知识特点，实施具有针对性的教学方案。这样才能避免现代教育技术的应用，不仅体现在黑板到屏幕的转换，而是作为一种教育教学的整体改良。

信息化视域下的现代教育技术，是集现代教育与信息技术为一体的综合性教学模式，是为改革教育教学，提高教学质量，优化教育结构而提出的。本书以信息化视域下现代教育技术的理论与实际为核心，简要阐述现代教育技术的概念界定与应用定义，探索现代教育技术的应用特点与结构要素。然后以实现现代教育技术在教育教学活动中的有效应用，发挥现代教育技术价值与作用为目的，分别为其提供两点有效对策，以供参考。

目 录

第一章 教育与教育学概述 ·· 1
第一节 教育与教育学 ·· 1
第二节 教育的目的 ··· 23
第三节 我国的教育目的 ··· 28

第二章 教育功能 ·· 32
第一节 教育功能的含义 ··· 32
第二节 教育的社会功能 ··· 34
第三节 教育的个体功能 ··· 44

第三章 教学组织与实施 ·· 49
第一节 教学组织形式 ·· 49
第二节 教学工作的实施 ··· 59
第三节 学生的学习指导 ··· 66

第四章 教育技术 ·· 71
第一节 教育技术的基本概念 ······································· 71
第二节 教育技术学理论基础 ······································· 77
第三节 教育信息化与教师教育技术能力培养 ················ 101
第四节 教学人员教育技术能力标准 ···························· 104

第五章 教学新媒体 ··· 107
第一节 教学媒体概述 ··· 107
第二节 教学媒体的发展和应用 ··································· 115
第三节 ASSURE 教学媒体应用模式 ··························· 122

第六章 信息化教学设计与融合 ········· 124

第一节 信息化教学设计 ········· 124
第二节 混合学习设计 ········· 127
第三节 翻转课堂教学设计 ········· 144
第四节 远程教育教学设计 ········· 149
第五节 信息技术与课程融合 ········· 151

参考文献 ········· 156

第一章 教育与教育学概述

第一节 教育与教育学

教育是什么，教育学是什么，这是关系教育和教育学的质的规定性，即教育和教育学的本质的两个问题，也是学习教育学这门学科时首先面临的两个问题。它们既是正确理解相关概念的基础，也是理解其他一系列教育学课程的基础；既是树立正确的教育观、学习观的基础，也是科学地认识教育教学活动的基础。因此，有必要在开始学习教育学之前弄清这两个基本概念。

古往今来，教育作为一种与人类社会共始终的社会现象和活动，日益成为社会生活中不可或缺的重要组成部分，成为现代社会成员生存和发展的重要基础和条件，成为与人们生活最为密切的终身性社会活动之一。然而，教育是怎么产生的呢？又是怎样走向社会生活的中心的呢？是什么因素使它在人类社会发展中占据如此重要的地位的呢？教育学是怎样产生发展的呢？搞清楚这些问题对于更好地认识教育、教育学大有助益。

教育是如此复杂的一种社会活动，它伴随着人类社会发展至今，拥有极其久远的历史，因此，无论是教育思想理论还是教育实践都源远流长。追溯历史，无疑对更好地理解"教育"和"教育学"的概念，更好地把握社会政治、经济、文化、人的发展与教育和教育学发展的相互关系不无裨益。

一、教育的含义与特征

（一）教育的概念

"教育"在日常生活中是人们使用频率很高的词汇。人们可以在不同的场合和情景中使用这个词汇来表达不同的思想和观点，或做名词使用，或做动词使用，甚或表明一种观念、一种活动，或者一种制度。当然，这些用法都很普通，人们也容易理解。

人们虽然如此频繁地使用"教育"一词，也形成了诸多日常理解，但就像在日常生活中其他常用词汇一样，我们可以运用自如，但是未必对此有一个比较明晰和深入的思考，更不用说形成系统的理性认识了。对于我们的日常生活而言，比较随意地使用"教育"是可以的；但对于专业教育工作者来说，仅有对教育的常识理解是远远不够的。

从词源学上看,不同语言的"教育"一词,都与儿童的培养相关。如在古希腊语中,"教育"一词与"教仆"相关,而教仆是对负责陪送奴隶主的子女上学的奴隶的专门称呼。在中国最早出现的文字——甲骨文中就有"教"字和"育"字。《说文解字》对"教"的理解是"教,上所施,下所效也";《荀子·修身》称"以善先人者谓之教";《学记》称"教也者,长善而救其失者也"。《说文解字》中把"育"解释为"育,养子使作善也"。

"教育"一词合用最早见于《孟子章句·尽心上》,"君子有三乐,而王天下不与存焉。父母俱存,兄弟无故,一乐也;仰不愧于天,俯不愧于人,二乐也;得天下英才而教育之,三乐也"。

在西方,"教育"一词的起源和解释并不复杂。英语、法语中"教育"这一词语却来源于拉丁语"educare"。拉丁语"e"为"出","ducare"为"引",意即教育就是引导儿童,使其固有能力得到发展。

随着人类教育实践活动的发展以及关于教育认识的加深,18世纪中叶法国自然主义教育家卢梭认为,教育的最大秘诀是:使身体锻炼和思想锻炼互相调剂,"教育应当依照儿童自然发展的程序,培养儿童所固有的观察、思维和感受的能力。"瑞士民主主义教育家裴斯泰洛齐说:"教育的目的在于代表人的一切天赋力量和能力。"法国近代著名哲学家、教育家赫尔巴特认为:"教育的全部问题可以用一个概念——道德——包括。"19世纪中叶,英国实证主义哲学家、教育学家斯宾塞说:"教育是为我们的完美生活做准备。"20世纪美国实用主义教育家杜威则认为,教育乃人类社会生活延续的工具,教育乃人之经验的改造,"教育既然是一种社会过程,学校便是社会生活的一种形式。"

《美利坚百科全书》"教育"条中写道:"从最广泛的意义来说,教育就是个人获得知识或见解的过程,就是个人的观点或技艺得到提高的过程。"

《中国大百科全书·教育卷》则是这样定义教育的:"从广义上说,凡是增进人们的知识和技能,影响人们的思想品德的活动,都是教育。狭义的教育,主要指学校教育,其含义是教育者根据一定社会(或阶级)的要求,有目的、有计划、有组织地对受教育者的身心施加影响,把他们培养成为一定社会(或阶级)所需要的人的活动。"

如果要查阅中外著名的教育家有关"教育是什么"的直接论述,我们会发现他们关于"教育"的定义是歧义颇多、迥异其趣,他们往往各自从某一个特定的角度来阐述什么是教育,使我们看到教育本身的复杂多变以及含义的丰富多彩。但是,它也可能给我们带来很多的困惑,因为他们的结论是如此的不同,甚至相悖。故我们又不能以为凡是历史上或现实中著名教育家或理论权威有关教育是什么的判断,都能直接拿来作为涵盖中外古今一切教育活动的定义。他们的判断大多精辟,但常常是有针对性的,是在不同的"语境"中使用的结果。

为了找到一个能涵盖一切教育活动的定义,我们需要寻找教育与其他人为社会(如生产劳动、艺术创作、商品交换、医疗卫生、生产保护等)的区别之处、特殊之处。这个"区别之处、特殊之处"同时也应是各种教育活动的共同之处。通过梳理比较,我们认为这个

"区别、特殊之处"就是：对人的身心发展直接的影响。因此，我们可以给"教育"这个表示人类社会某种特定活动的概念做如下定义：教育是对人的身心发展施以直接影响的社会活动。

在这个定义中，"人"指各个年龄段的受教育者，而非仅指青少年儿童。"施以直接影响"有两层意义：一层表示不以影响人身心发展为目标的活动都不属于专门的教育活动，如艺术创造、文化娱乐等以作品或艺术享受为直接目标，故不属于专门的教育活动，尽管它们对人的身心也产生影响。另一层表示教育除影响人身心发展外，还有间接的目标，如推动社会进步等。但若把推动社会进步作为目标列入定义，就会模糊教育活动的特殊性，也无法把教育与其他有益于社会进步的社会活动区别开来。

近些年，还有人开始采用逻辑学方法对教育进行界定，即采用科学定义的方式。科学定义的公式为（被下定义的）：概念＝种差＋邻近的属。例如，扈中平教授主编的《现代教育学》就认为："教育就是有意识的，以影响人的身心发展为直接和首要目标的社会活动。这是对'教育'的一般性定义或对广义教育的定义。""狭义的教育，亦即学校教育，就是由专门的教育机构所承担的，由专门的教职人员所实施的有目的、有计划、有组织的，以影响学生的身心发展为直接和首要目标的教育活动。"

（二）教育的质的规定性

根据历史唯物主义的观点，我们可以知道，人与动物的根本区别在于人会制造工具、使用工具，从事生产劳动。人们在制造工具、使用工具，从事生产劳动的过程中，不仅获得了习惯和生产规范，积累了社会生活的经验。为了维护和延续人们的社会生活，年老一代便把积累起来的生产经验和生活经验传授给新生一代。同时，从作为个体的人的发展来说，一个孱弱无知的初生婴儿可能成长为营谋社会生活的成员，即从一个生物实体的人转化为一个社会实体的人，也需要成年人的抚育与培养。这样，教育便产生了。由此看来，教育是新生一代的成长和社会生活的延续与发展必不可少的手段，为一切人、一切社会所必需。从这个意义上来讲，教育是人类社会的永恒范畴。

教育是人类社会所特有的一种现象。有些动物在养护幼仔上虽与人类的抚育子女有些类似，但它们是一种本能活动。其他动物界中哺育幼仔的活动，哪怕表现得再复杂，也只是一种程序化了的动作反射系列，它是动物系在漫长的生物演化过程中形成起来的，在它们的染色体中定位作图，成为行为基因遗传下来，在发育到一定时期和一定的环境条件下，便表现了出来。它们既不会制造工具、自觉地改造自然，没有什么改造自然的经验，也没有语言借以传授经验，因而不可能产生有目的的教育活动。恩格斯曾经指出："……动物仅仅利用外面的自然界，单纯地以自己的存在来使自然改变；而人则以他所引起的改变来迫使自然界服务于他自己的目的，来支配自然界。"马克思在《资本论》中曾举出一个生动的比喻，他说："蜘蛛的活动与织工的工作相似；在蜂房的建筑上，蜜蜂的本事，曾使许多以建筑师为业的人惭愧。但是最劣的建筑师都比最巧妙的蜜蜂更优越的，是建筑师以蜂蜡建筑蜂房以前已经在他脑筋中把它构成了。"这即是说，只有人类才能根据对客观世界的认识，自觉地支配世界、改造世界，将改造世界的经验传授给下一代，从而产生教育活动。而一些学者，无视人和动物的根本区别，认为在动物世界也有教育，企图否认教育的社会性和目的性，对此，我们不敢苟同。

根据矛盾论的观点："任何运动形式，其内容包含着本身特殊的本质。"教育这一社会现象，它与其他社会现象的区别在于：它是培养人的活动。它要解决的特殊矛盾，是受教育者个体与社会之间的矛盾。它的特定功能就是促进教育者从无知转化为有知，从知之不多转化为知之较多，从没有某种道德品质转化为具有某种道德品质，从体力软弱转化为身体强壮，以及将知识转化为能力，将知识转化为行为、习惯等。一句话，教育就是把人类积累的生产斗争经验和社会生活经验转化为受教育者的智慧、才能与品行，使他们的身心得到发展，成为符合社会所要求的人。

从原始教育到当代教育，从家庭教育到学校教育，从个别教育到集体教育，教育活动的形式、内容、方法、形态等千变万化。如果我们能够透过这些变化的表象看到那些普遍的、稳定的东西，我们就可以找到教育的质的规定性。人类从古至今纷繁多变的教育形态中普通的、稳定的特征是什么呢？就是人类有意识地培养人。因此，教育的质的规定性就是培养人，而不是别的什么。

（三）教育的基本特征

教育的特征是对教育本质更为具体的认识。纵观人类教育的发展过程，不难看出，无论是宏观教育还是微观教育，尽管不同的历史发展阶段教育的特点各异，但又存在着许多共同点，即表现出如下一些基本特征。

1. 教育的永恒性

从历史上看，教育这种社会现象随着人类社会的出现而出现，随着社会的发展而发展，并将随着社会的存在永远存在，只要有人类社会，就离不开教育。从这种意义上讲，教育在人类社会生活中是永恒的范畴。

教育之所以具有永恒性，是由教育自身的职能决定的。教育的职能即教育的作用。为什么人类社会离不开教育，主要是由于教育对社会起一定作用，如果教育对社会没有作用，人类也就不需要它了。教育究竟有哪些职能呢？这个问题古今教育家有各种各样的回答，并没有一致见解。以马克思主义历史唯物主义的观点剖析教育现象，可以比较清楚地看出，尽管教育的职能是多种多样的，然而对于社会的发展来讲，最主要和最基本的只有两种：一是使新生一代适应现有的社会生产力；二是使新生一代适应现有的社会生产关系。从教育产生的第一天起，它就通过这两方面对社会起作用，人类的实践经验和知识才得以不断积累和丰富，人类的社会也才得以不断向前发展。所以，社会的存在和延续一刻也离不开教育，教育是一种永恒的社会现象。

2. 教育的历史继承性

教育的历史继承性就是说，社会性质改变了，社会的经济基础和政治改变了，教育的性质和目的也会随之改变，然而并不是教育的所有方面都要立刻改变，任何一种教育，就其思想、内容、制度、方法各方面来看，都不是一夜之间突然从天上掉下来的，而是以往各个时代教育的发展，这就是教育自身的继承性。人们在长期实践中形成的这些教育因素，是人类长期积累的共同财富。它并不会随着社会性质的改变而立刻改变，而是要从多方面吸收养料，逐渐地发展变化。就是无产阶级的教育也不例外。俄国的"无产阶级文化派"对民族文化采取虚无主义错误态度，妄想割断历史，建立"全新"的无产阶级文化。列宁批评这种错误态度时指出，无产阶级的文化并不是少数人关在房子里捏造出来的，它必须从多方面吸取养料，包括吸取"两千年来人类思想文化发展中一切有价值的东西。"正因为教育有自身的继承性，所以不同民族的教育往往各有不同的传统和特点，这是不能单纯从经济政治方面解释清楚的。比如，同样是奴隶社会的教育，在古希腊注重知识传授，在我国则重视道德教育。这说明对于经济政治而言，教育具有相对独立的自身继承关系。

3. 教育的生产性

教育的生产性是指教育从来就是生产性活动，它是关于人类智能与人类文化的再生产活动，这表现在两个方面：一是把人类智能内化为受教者的智能，使受教者由生物实体转化为社会实体，成为社会所期望的成熟成员；二是在教育过程中传递、传播、发展、交流与整合文化，实现人类文化的再生产，使得人类与动物的文化区别能够保持与延续下去。教育的生产性由此可见，只不过它跟其他生产活动在对象、过程与结果等方面有自己的特殊性而已。因此，那种把教育视为消费性活动的认识，是由于对教育功能认识不足所致，在现代社会是非常危险的。

4. 教育的相对独立性

综观历史上任何时期的教育，一方面教育自身要受当时特定的生产力与生产关系、政治经济制度和法律道德的制约；另一方面教育又表现出一定的独立性，体现出教育自身的规律性，特别是在关于客观事物的教育内容、教育的方法手段、教学过程的认识规律等方面，教育具有相当大的独立性。此外，教育的相对独立性还表现在特定的教育形态不一定跟其当时的社会形态保持一致，而存在教育超前或滞后的现象，特别在社会发生重大变革时期更是如此。基于此，认识那种教育独立论、教育依附论之错误就容易了。

5. 教育的民族性

教育的民族性即指教育都是在具体的民族或国家中进行的，无论在思想还是在制度上，无论在内容还是在方法手段等方面都有其民族性的特征，特别表现在运用民族语言教学、传授本民族的文化知识等方面。正是这种教育的民族性才使得教育表现出如此的多样性。当然，教育的民族性在保存、延续本民族文化的同时，也存在阻抑对外来先进文化的吸收问题。因此，教育在保持其民族性的同时，如何走向世界，实现教育的民族性与世界性的统一，是任何时期特别是现代教育必须正确处理的问题。唯有保证教育的民族性，才能保证人类文化的多元与和谐发展。

二、教育的产生与发展

（一）关于教育的起源

从本体论上讲，教育究竟从何而来在学术界颇多争议。目前，教育理论界主要有教育的神话起源论、生物学起源论、心理起源论、劳动起源论、生活起源论以及社会交往起源论等。

1. 教育的神话起源论

这种观点认为，教育同其他万事万物一样，都是由神或上帝所创造的。教育的起源乃神或上帝的意志。教育的目的就是体现神或上帝的意志，使人皈依神或上帝。比如，在古代中国，朱熹在《〈大学章句〉序》中谈道：人天生就被上天赋予了"仁义礼智"等本性，但由于个人发展的不同，有的人不能明白并保全自己的这些本性，一旦有聪明睿智并能保全自己本性的人出现，上天就会派他做众人的教师，以帮助众人寻回本性中的东西，这就是伏羲、神农、黄帝、尧、舜等人以及司徒、典乐等出现的原因，即教师的出现、教育的产生都体现了上天的意志。

这种教育起源论的观点缺乏科学依据，是一种唯心的观点。但由于当时人类对自然界和自身的认识能力有限，对人类的起源、教育的起源都很难找到一个比这更为合理的解释。

2. 教育的生物学起源论

这种观点认为，人类教育活动的起源就是动物的一种本能行为，是任何略为高等的动物都有的天生的行为，并不是人类社会所特有的社会现象。提出这种观点的代表人物，是19世纪末期法国的哲学家、社会学家利托尔诺（C. Letourneau）。他曾经在《各人种的教育演化》和《动物之教育》中表达了自己对教育的看法，他认为："动物尤其是略为高等的动物，完全同人一样，生来就有一种由遗传而得到的潜在的教育。"他还认为："在脊椎动物中，人们已经可以确认存在着有意识的教育。"他曾举例：母鸭带雏鸭、母熊教幼熊、母猫教小猫等，跟人类是一样的，都是由于生存的竞争。可见，在利托尔诺看来，教育并不是人类特有的社会现象，在人类出现以前，动物界就已经存在教育活动。人类从动物中分化出来，使教育获得了一些新的特征，但这些特征并不能将人的教育与动物的教育严格区分开来。在本质上，动物的教育和人类的是一样的。

教育的生物学起源论以达尔文的生物进化论为基础，否定了教育的神话起源论，具有开创性的意义。但它没有看到人类活动的目的性和社会性，把动物适应环境、求得生存的本能活动作为人类教育的基础，把复杂的社会现象简单化为生物现象，否认了人与动物的区别。这样，教育就成为一种无目的的活动，成为一种不能为人的意识所调节控制的活动，这是很多人所不能认可的。

3. 教育的心理起源论

美国学者孟禄（P. Monroe）从心理学的角度出发，批判了生物学起源论，认为教育起源于生物本能的观点忽视了人的心理和动物的心理的本质区别。他在《教育史教科书》中指出：通过对原始教育的系统深入研究发现，原始社会既缺乏系统的知识经验，也不可能有教材，更不可能采用一定的教学形式和教学方法，根据这一事实可以断定，原始人的教育过程不可能是一种有意识的过程，儿童仅仅是凭借着对成人的观察和尝试，习得了各种生活知识和技能。儿童习得知识的过程几乎全部是通过观察成人的行为，然后模仿、实践并逐步掌握的。他认为：教育的发生是"最非理性的"和"单纯的无意识的模仿"。他曾经说过："原始社会的教育普遍采用的方法是简单的无意识的模仿。儿童对年长成员的无意识模仿就是最初的教育的发展。"

模仿作为一种心理现象，不失为一种学习的手段，有一定的可取之处，但把教育完全看成是一种无意识的模仿又未免过于武断，这就很难解释成人对儿童的指导作用。因此这种观点也有它的局限性，就是没有充分看到教育者的作用。

4. 教育的劳动起源论

这种观点于20世纪50年代由苏联传入中国。苏联教育学者根据恩格斯的《劳动在从猿到人转变过程中的作用》中的理论提出了教育的劳动起源论。恩格斯认为：劳动是整个人类生活的第一个基本条件，劳动创造了人本身；劳动是教育产生的基础。这种观点认为为维持人类的生存，年长的一代把生产技能、经验、道德规范、礼节、风俗习惯等传授给下一代，教育就是从生产劳动的实际需要中产生的，是人类社会特有的传递经验的形式。这种观点克服了生物学起源论和模仿起源论在社会性上的缺陷，认识到人类教育起源的直接动因是劳动过程中人们传递生产和生活经验的实际需要。这种观点自从苏联传入中国后，一直被大部分教育工作者所接受。

5. 教育的生活起源论

20世纪80年代，我国学者提出类似的"教育生活需要起源论"观点，认为生活与生产是并列关系，教育不仅要传递生产经验，还要传递生活经验，正是在适应和满足人类生活需要的基础上才产生了教育。也有学者指出，美国著名教育家杜威的教育观——"教育即生活"——也体现了教育的生活起源论思想。杜威认为，教育没有目的或是没有外在目的，如果教育有目的，那这目的就在教育本身之中。他认为，教育即生长，教育即生活，教育即经验的持续不断的改造，即教育是促进儿童以本能为核心的先天心理机能不断展开、生长的过程。儿童本能的生长总是在生活过程中实现的，或者说生活就是生长的社会性表现。作为这种本能生长或生活的过程和结果，儿童在各种主动活动中体验一切，并获得直接经验。因此，教育就是促进儿童通过主动活动去体验一切并获得直接经验的过程。所以，这种教育自然是在生活中提出的，并在生活中进行的。

这种观点看到了教育跟生活的联系，要求教育与生活融合进行，强调教育的情境性、经验性，赋予教育以生活的活力。教育到底是起源于生活还是来自生产，这种观点并没有解释清楚，这或许是连提出这种观点的学者也难以说清楚的。

6.教育的社会交往起源论

这种观点认为，教育作为一种活动，只能从另一种活动中演化出来。这种活动显然与生产劳动以及其他的社会活动相关，但不是生产劳动本身。具有教育原型性质的事物只能是人类相互非物质性的交往活动。只要这类非物质性交往发生，就必然有交往的双方和交往的内容，交往的结果则是在交往的双方身上产生认识、情感、意志或行为的影响。以上这些都包含着教育的要素。一旦交往的作用被人类意识到，并将此转化为以影响新生一代生长为直接目的的特殊活动，交往活动的一方就转化为教育者，另一方则转化为受教育者。当这类特殊交往逐渐形成较为固定的内容和较为固定的形式后，教育活动就发生了。因此，人类教育活动起源于交往，在一定意义上，教育是人类的一种特殊的交往活动。

教育的社会交往起源论从一种全新的角度对教育的起源问题进行了探讨，值得我们重视与思考。

（二）教育的发展历程

教育自产生之日起，就随着人类社会的发展、变化而发展、变化。在不同的社会历史阶段中，由于生产力发展的水平不同，生产关系和社会政治经济制度不同，教育也就具有不同的性质和特点，形成各种历史形态。

1.教育的产生

就教育产生这一问题而言，多数研究者都认为教育产生于原始社会，但产生于原始社会的具体时间、过程及教育的具体情况，研究者只能依据考古学的发现来推测当时教育之情况，具体有许多不确定性。人们对教育产生的推测一般从两个方面进行：教育产生的原因（必要性）和教育产生的条件（可能性）。

（1）教育产生的原因。恩格斯指出，人类是通过制造工具、使用工具和从事劳动而由猿转变为人的。而当时劳动工具的简陋、劳动环境的恶劣，人们不得不集中在一起用社会化的方式生存下来。在这种社会化的社会方式中，个体的存在是以群体的存在为前提和基础的，而群体的存在正是个体存在的保障。也正是在这种社会化的生活方式中，个体必须遵守群体内部的若干准则才能保证群体的维持，因此，群体内部有必要进行人类最初的经验交流，也就是人类经验交流来自人类生存的需要。这样，有经验的年长一代就承担了教育者的角色，缺乏经验的新生一代就成了学习者，传递的经验就成了教育影响，符合了教育的基本要素，并且这些要素以比较松散的形式结合在一起呈现出一定的教育形态，这就是原始社会的教育。

因此，为了进行生产资料的生产和人类自身的生产，人类必须将人类创造、获得的这些经验和生活规则传承下去，因为这些都不是儿童生来就具有的。所以，有意识、有目的地传递生产和生活经验就成了维持生命和群体延续的必需手段。这种人类对自身生存、生产和发展需要的满足就是教育产生的根本原因。

（2）教育产生的条件：

教育产生的条件主要有三个：

1）人类劳动的进行是教育产生的最根本的条件。恩格斯在《劳动在从猿到人转变过程中的作用》中谈道：人从动物演变为人经历了三个阶段：攀树的猿、正在形成中的人和完全形成的人。攀树的猿以动物的本能方式生存着，攀树的猿在向完全形成的人进化的过程中，直立行走逐步取代了爬行，手脚逐步分工，人类在活动范围逐步扩展的同时也面临着生存压力的增加。为了生存，正在形成中的人开始采用简单的石块、木棒进行工具的创造，人类劳动逐步取代本能成为人类生存的主要手段。劳动出现以后，人类经验逐渐丰富起来，才有了可供传递的内容。没有劳动就没有人类"创造"的经验，也就没有教育的"教育影响"这个基本要素。

2）语言的形成为教育的产生提供了必要条件。没有语言，人类经验的传递只能靠学习者的模仿，而什么时候模仿、模仿正确的关键、是不是知道模仿都是问题，而经验获得者与经验学习者很难沟通，所以语言是人类进行经验交流的载体。在语言形成之前，人类经验的传递主要依靠实物的展示、动作及体态语言等手段。这些手段使经验的传递不可能超越时空的限制，不可能脱离经验主体，也不可能达到久远的要求，因而难以积累。语言的出现不但解决了这些问题，还提供了在抽象水平上进行经验的积累和传递的可能。

3）原始人的生命期的延长，尤其是语言和思维能力的发展，是教育产生的重要条件。我国考古学家对四五十万年前的40多具中国猿人的遗骨化石做过研究，发现约有40%的人未满14岁便死亡了。在这种情况下，代与代之间的经验传递难以成为普遍的活动。当原始人发明并较普遍地使用了打猎和捕鱼的工具，获得较多的肉食以后，"既吃植物也吃肉的习惯，大大地促进了正在形成中的人的体力和独立性。"这使两代人之间的共同生活年限延长，使具有较丰富社会经验的年长一代在时间上有可能向新生一代传递经验。而脑的发展为人的思维和言语的发展提供了重要的机体物质条件。这样，就为个体与人类以及个体与个体之间的经验双向传递、转换、丰富、发展，做出了来自个体能力方向的手段保证。总之，人类在劳动中才能产生不能靠遗传和发育带来的创造出来的经验，而这种经验的交流只有通过语言才可以在人与人之间传递。

2.原始社会的教育

人类社会从原始群到氏族公社的漫长历史时代，称为原始社会。在原始社会里，生产力水平很低，人们的劳动只能维持最低限度的生活，没有剩余产品，生产资料是原始公社的公有制，人人劳动，共同享受，没有剥削，没有阶级。

在原始社会里，由于生产力水平很低，教育还没有从社会生活中分化成为专门的事业，没有专门的教育机构和专职教育人员，它是在生产劳动过程中和人们的日常生活中进行的，是与生产劳动紧密结合的。这种教育，我们称之为原始形态的教育。它的内容非常简单，成年人在带领青少年狩猎、捕鱼、采集野果、制造工具等生产劳动过程中，向他们传授这些方面的经验与技术，培养他们的勇敢、机智、团结、互助等品质。随着生产力的发展，出现了畜牧业和农业生产的分工，以及氏族和部落的形成，教育的内容也就逐渐增多，年长者还向年轻人传授饲养牲畜、种植庄稼、制造陶器、建筑房舍等生产斗争的经验与技术，并向他们进行礼节仪式、音乐、舞蹈、风俗、习惯、宗教等方面的教育。由于部落之间经常发生冲突和战斗，也就产生了军事教育的萌芽，即向年轻人传授角斗、射箭、骑马等方面的经验和技术。在原始社会中，由于没有阶级，因而原始社会的教育是没有阶级性的，所有的儿童和青年都具有同样的受教育的权利。总之，原始社会的教育表现出如下特征：

（1）生产力水平低下，教育的物质条件匮乏，教育具有原始性。原始社会没有制度化的教育机构；教育在社会生产生活中进行，内容贫乏；同时教育方法也比较简单，主要以感官相授和实践模仿为主。

（2）教育与宗教等活动联系密切，教育具有宗教性质。

（3）教育对象没有等级的区分，教育无阶级性。在共同生活的社会制度下，教育资源为全体成员共享，虽然男女儿童在教育上存在着性别差异，但是教育是面向所有氏族、部落儿童的。

3. 古代社会的教育

当人类使用金属手工工具（主要是青铜器和铁器）进行生产时，人类社会就进入了古代社会。古代社会经历了奴隶社会和封建社会两个时期。有明确的资料表明，在奴隶社会，学校教育产生了，并逐步形成了比较完备的学校教育制度。

（1）学校教育的产生。学校的出现是教育从生产生活中剥离出来，形成自己相对独立形态的标志，就人类教育的发展而言，这是相当重要的一步。自此以后，教育具有了两种基本形态：专门化的学校教育与依旧存在的非学校教育，随之而来的是教育的功能也发生了分化，并分别在不同的形态中得到体现。

与对教育产生时代的看法不同，对于学校教育出现的时代，存在着不同的看法。据史料记载，最早的学校出现在世界上第一个进入奴隶社会的国家——埃及。据考证，在原始社会，确切地说是在母系社会时期，曾出现过一种公共教育机构——"青年之家"。"青年之家"是原始社会全体成员的儿童都在里面受教育的一种原始社会制度的特殊机构。但"青年之家"毕竟产生于前文字时期，也就是说，文字尚未出现的时期；而作为学校来讲，则是同文字一道产生的。由于文字产生的时候，也是社会阶级逐步形成并分化的时候，脑力劳动和体力劳动发生了分离，于是造成了一部分（主要是僧侣和官员）对文字的垄断。在这种情况下，学校就从"青年之家"中孕育并分化出来。

在我国，学校的萌芽在原始社会末期就可能出现了，古籍中传虞舜时代便已有了"庠"这种社会机构。例如，《礼记》中的《王制》说"有虞氏养国老于上庠，养庶老于下庠"；《明堂位》说"米廪，有虞氏之庠也"。但是，那时的"庠"并不能算是一种学校，而是一种带有教育作用的养老机构。到后来进入奴隶制社会的历史阶段时，"庠"才成为学校。"庠"的原始意义是饲养家畜的地方，后来又变为储存谷物的地方，故又名"米廪"。夏朝已开始进入奴隶制社会，有可能产生了学校，《孟子》说："夏曰校，殷曰序，周曰庠。"夏朝可能已出现了尚未发展成学校形式的非专门化的教育机构。"庠"是从虞舜时代继承下来的，大概是起源于养老与敬老的习俗，以养老为主，并附带教育儿童和青年的功能。"序"和"校"大概是起源于军事训练的需要，因为"序"是习射的地方，《孟子》说："序者，射也。""校"是角力比武的场所。

我国学校至商朝已初具雏形，它已经成为一个有组织的教育机构，也有着一定的目的任务和一定的教学内容，但是，此时的学校并不纯粹是一个教育机构，还兼有其他的任务。虽然它们逐渐地发展起越来越多的教育功用，但在教学专门人员的选用及教学的组织上，都不可与现代的学校同日而语。下面，我们来具体分析一下学校教育产生的必要性和可能性。

首先，生产力的发展带来剩余产品的出现，为学校的产生提供了可能性。随着金属手工工具的使用，社会生产力得到了很大的发展，社会剩余产品的出现为社会分工提供了条件。逐渐地，社会分工从生产领域扩大到了整个社会，脑体分工的出现，使得一部分人从生产劳动中脱离出来，专门进行管理或传递生产和生活经验，于是，专门的教师就出现了，并逐渐成为一种固定的职业。可以看出，没有生产力的发展就没有剩余产品，也就不可能使一部分人从生产劳动中脱离出来专门从事教育，也就不可能产生学校。

其次，国家的出现、文化的发展为学校的产生提供了必要性。随着剩余产品的积累、脑体分工的出现，社会出现了阶级和国家。占统治地位的奴隶主阶级为维护本阶级的利益以巩固其经济基础和社会秩序，必须要建立自己的国家机关和军队，也需要在精神、文化、意识形态等领域进行统治，这样，就产生了官员、军人、文士等专门人员。这些专门人员要能够以各自的领域去维护阶级利益，就需要进行专门的训练，这就具备了学校教育产生的社会需要。

另外，随着社会的发展，人类积累起来的生产和生活经验越来越丰富，且逐步地系统化、抽象化，形成了分门别类的知识和学问。这些知识和学问不可能通过日常实践中非正规的教育进行，客观上要求有专门的教育机构来传授这些知识和学问。同时，自奴隶社会以后，文字日趋复杂化，文字作为处理日常事务和知识的载体，对于以上所要培养的专门人员来讲成为必须要掌握的东西，而对文字的学习在日常生活中是很难完成的，这也对学校的产生提出了要求。所以，社会文化的发展为学校教育的产生提供了必要性。

（2）古代社会的教育。古代社会的教育是人类社会政治、经济和文化发展的必然结果。正如恩格斯所说，最卑下的利益——庸俗的贪欲、粗暴的情欲、卑下的物欲，对公共财产的自私自利的掠夺——揭开了新的文明的阶级社会；最卑鄙的手段——偷窃、暴力、欺诈、背信——毁坏了古老的没有阶级的氏族制度。但是它却给人类带来了新的文明与繁荣。"只有奴隶制才使农业和工业之间更大规模的分工成为可能，从而为古代文化的繁荣，即为希腊文化创造了条件……在这个意义上，我们有理由说：没有古代的奴隶制，就没有现代的社会主义。"就教育的发展史而言，没有古代教育，也就没有今天的现代教育。那么，古代社会的教育是什么样子的？具有怎样的特征呢？这主要包括以下五个方面。

1）出现了学校教育，教育目标狭窄。随着铜制、铁制生产工具的出现，生产力水平得到了提高，出现了"剩余"，出现了依靠"剩余"生存的学者与学生；同时，统治者对接班人的需求又推动着学校的产生，文化的发展使得有内容能够传授且必须传递，学校由此而产生了，教育开始了专门化。据查，公元前2500年，埃及就出现了人类最早的学校，古代中国也在公元前1000多年出现了学校，如我国有关文献记载中所说：夏曰校，殷曰序，学则三代以共之。

此时学校的目的仅在于培养官吏、牧师或骑士。古代中国，学校的目的是传播统治阶级的意识形态和治国方略，培养能够维护和巩固封建统治的官吏。中世纪的欧洲世俗教育与僧侣教育则培养各自所需的骑士、教士或牧师。

2）教育为统治阶级服务，教育具有阶级性。阶级的存在规定了教育的阶级性。在奴隶社会，只有奴隶主贵族子弟才有接受学校教育的权利，他们在学校接受军体教育和道德训练，形成阶级的意识与维护阶级利益的能力。到封建社会，教育的阶级性被上推为等级性，即使同为统治阶级，不同官职出身的子弟所接受的是不同等级的教育。此时，劳动人民的子弟则是没有资格上学，也上不起学的。在西方，教育与宗教一直有密切联系，古代尤其如此。在西欧，教权高于皇权，此时的教育多由宗教把持，通过传播宗教教义，培养人们对上帝的虔诚和热爱、对世俗生活的鄙视和疏远，即使是世俗的骑士教育也要学习宗教教义，教育浸透着宗教精神。

3）以伦理道德、宗教经典为主要内容，教育内容封闭。奴隶社会的教育内容多为军体教育，封建社会教育内容则多为封建伦理、宗教经典。中国学校主要授以"四书五经"等儒家经典，西方学校则授以宗教教义和宗教仪式（做祈祷、唱赞美诗等）。一些世俗性的学科（如修辞、逻辑、辩证法等）也赋予神学旨意、价值观。

不过，在世俗性较强的学校教育中也存在一些科技教育，如中国的官学就有算学、天文学、医学等内容，唐代甚至有太医署、大仆寺、司天台等中央部门开办的专科学校，正是这些科技教育促使了中国古代科学技术的发达。

4）进行呆板的知识传授和强迫的道德灌输，教育方法机械。教育的阶级性、等级性规定了受教者从内心到外在行为必须坚决服从社会阶级、等级秩序，知识的学习只能是机械记忆、背诵，对既成定论的接受不容许思考、怀疑，即便是个人体会、践行也不能超越社会规范。同时，辅之严格的纪律约束，对质疑社会秩序、违反纲常伦理者处以重罚，以使教育起到"防奸养士"之功效。当然，也应看到教育方法上的进步。东方孔子的启发式教学、马融的小先生教学制，西方苏格拉底的问答术（又称"产婆术"）等重要教育思想都是在这一时期形成的。

5）积累了丰富的教育经验，获得了初步的科学教育认识。到古代社会后期，统治阶级认识到"建国君民，教学为先"的重要性，越来越重视教育，推动了教育理论与教育实践的发展。这一时期，出现了大量总结和研究教育活动经验的论著，形成了比较丰富的教育教学思想，如东方孔子的《论语》，乐征克的《学记》《大学》，颜之推的《颜氏家训》，韩愈的《师说》和《进学解》，程端礼的《程氏家塾读书分年日程》等，西方昆体良的《演讲术》、杰罗姆的《致莱塔的信》、本笃的《本笃规程》、伊西多的《辞源》。这些教育经验为以后教育思想的形成、教育科学的发展奠定了基础。

此外，受宗法专制制度的影响，教育管理处于人治状态，学校教育的兴废完全取决于统治者的个人品质（如中国北宋时期的三次兴学）与时局的状态（如中国古代就有"乱世不修学校"的普遍现象），教育因此不可能获得持续、稳定的发展。

（3）现代社会和教育。当大机器生产替代手工生产，工业经济替代农业经济，民主政治替代宗法专制，以及由此而引起的社会系统的全面变革时，自由、民主、平等、科学理性成为人类的普通理念，人类社会便走向现代社会。从生产关系的角度看，现代社会的国家分为两种：一种是资本主义国家，另一种是社会主义国家。这两种国家虽然生产关系不同，但面临着许多共同的问题，如环境、人口、资源、安全等。在这些问题及许多重大国际问题上，这两种国家存在许多共同利益与认同，其教育也表现出许多共同的特点。

1）普遍建立义务教育制度，教育对象具有广泛性。在古代社会，学校教育是为统治阶级子弟服务的，是少数人的教育。现代社会的国家，普遍建立了义务教育制度，为提高社会公民的综合素质服务，是面向全体公民的教育。现代义务教育制度的形成是现代社会大工业生产发展，国家政治、社会生活变革和公民争取教育权的结果。从16世纪德国的一些封建公国开始颁布强迫教育的法令到现在，接受义务教育已经是国家统治和公民发展的共同需要。目前，世界主要国家的义务教育年限基本在10年左右：日本，9年义务教育；法国，10年义务教育；英国，11年义务教育；德国，9年义务教育为主；美国各州，9~12年义务教育不等；中国，9年义务教育；印度，8年义务教育。不断提高义务教育的年限和水平，已经成为现代资本主义国家和社会主义国家的共识，且把普及义务教育的程度作为衡量一个国家现代社会发展水平的标志。

2）现代教育与生产劳动及整个社会发生联系，且联系越来越紧密。随着现代社会生产的大发展、管理观念的巨大变化，现代社会对教育的人才培养和社会服务功能提出了新的要求。现代教育一方面要为社会培养各种层次的各种类型的劳动者，另一方面要培养社会政治所需要的人才。教育通过向社会提供人才和科技服务，使得教育成为社会发展的重要推动力，体现了教育在现代社会中的重要地位。教育与生产劳动结合起来，为社会的各个领域培养人才，使得教育的基础作用体现出来，"科教兴国"已成为世界各国公认的国家发展战略。

3）教育内容较为丰富，且具有变革性。人类社会经过几千年的发展，积累了丰富的社会生产和生活经验，为教育提供了内容选择的极大空间。从时间上看，教育内容所包含的历史越来越长，可传递的历史经验也相对越来越多；从空间上看，教育内容从以前地域性非常强的特征转向了全球化；从种类上看，教育内容包含自然科学、社会科学和思维科学，且学科分类越来越细，学科相互交叉形成了学科网络等。从这些方面看，教育内容较之古代社会已是十分广泛。并且，由于社会变革和信息翻新的速度都很快，教育根据科技与社会发展和学生生活经验的变化而进行变革的速度也日益加快。进行课程改革、调整课程结构，是现代社会每个国家都关注的问题。

4）重视教育立法，教育走向法制化。"依法治教"是任何一个民主国家的共同特征。伴随着第一次工业技术革命的进行，社会生产力的提高和社会生产方式的变革，接受一定的教育逐步成为现代社会人生存与发展的要求，义务教育的强制性体现出来，教育立法在各个国家得以普及。从英国看，英国有1870年的《初等教育法》、1944年的《巴特勒法案》和1988年《教育改革法》，每一次教育立法都促进了教育的巨大变革。另外，还有日本1947年的《教育基本法》与《学校教育法》，美国的《国防教育法》，中国的《中华人民共和国教育法》《中华人民共和国教师法》《中华人民共和国义务教育法》《中华人民共和国高等教育法》等等。可见，重视教育立法是现代社会教育的一大特征，也正是在教育法制化的规范下，教育才得以持续、稳定、协调地健康发展。

5）教育逐步终身化。在前两次工业技术革命中，教育还是阶段性的影响活动。随着20世纪50年代法国成人教育家保罗·朗格朗提出终身教育的理念后，构建终身教育体系已成为各个国家教育改革的发展趋势。终身教育是一种全新的理念，大大拓展了教育的时空范围。从时间上看，终身教育不仅指幼儿教育、青少年教育，还包括成人教育、老年教育；从空间上看，终身教育包括学校教育、家庭教育、社会教育以及种种非正式教育。当然，终身教育体系在各个国家的初步创建还只是终身教育的开始，因为终身学习是学习者个人的认识与态度的问题，终身教育还需要人们教育观念的彻底变革。终身教育体系是实现个人终身学习的保证，学习型社会则是终身教育实现的社会保障。

6）教育交流与合作加强，教育逐步实现全球化。伴随着20世纪中期社会政治格局的变化和计算机技术的迅速发展，人类进入了一个逐步走向一体化的时代。共同市场的形成、共同问题的出现，把不同意识形态、不同国家利益的各国联系在一起。在这种情况下，教育不仅是促进国家、民族发展的重要工具，也是促进国际交流与理解的重要工具。因此，现代教育在培养人才时既要考虑人们的民族认同感和爱国主义情感的培养，也要注意站在世界发展的高度处理国际事务能力的培养，确保教育"民族化"与"全球化"的有机结合。

7）重视教育科学研究，教育具有科学性。同历史的经验指导教育相比，现代教育则注重科学指导，由此使得教育科学研究获得重视。教育科学研究是一个复杂的系统，其内容主要涉及：一是诸如生理学、心理学等教育人类学基础的研究；二是诸如社会学、历史学等教育社会学基础的研究；三是诸如教育教学活动等教育科学本体的研究；四是其他科学与教育科学的交叉研究等。正是这些教育科学研究，奠定了现代教育的科学性，使得科学教育成为现代教育的基本内容，依靠教育科学指导教育实践，遵循规律成为现代教育活动的基本理念。

三、教育学的研究对象与发展历程

（一）教育学的研究对象

任何一门学科都有自己特定的研究对象和研究范围，这是一门学科独立存在的根本。那么，教育学的研究对象是什么呢？关于教育学的研究对象在学术界有不同的看法，比较有影响力的有以下三种。

第一种看法是将教育学的研究对象限定为教育现象。这种观点认为，教育学是人们关于教育这种社会现象的理论。什么是教育现象呢？教育现象的内容复杂纷繁，形态多种多样。有广义的教育现象，有狭义的教育现象；有宏观的教育现象，有微观的教育现象。概括起来，教育现象是指现实和历史上实际存在的各种各样的教育活动、教育事业和教育观念等。在 20 世纪 80 年代，这种观点在教育学界居于主流地位。

第二种看法是将教育学的研究对象限定为教育问题。关于这种观点，成有信先生曾有一个形象的比喻，把教育学看成是男人，把教育学的研究对象看成是女人，从男女找对象开始到结婚，男人所追求的对象就是追求的结果。而新的生活中的问题就成了新的"追求对象"。也就是说，不管是教育现象、教育事实还是教育规律，只有当他们成为需要解决的教育问题时，才有可能成为教育学的研究对象。

第三种看法是将教育学的研究对象限定为教育规律。这种观点认为，每门学科都有它特定的研究对象，对于教育某一现象领域所持有的内在矛盾运动的规律就是教育学的研究对象。

目前，我国很多学者将以上三种观点结合起来确定教育学的研究对象，即把教育学界定为，教育学是一门研究教育现象和教育问题，揭示教育规律的科学。而我们更倾向于将教育学表述为，教育学是一门研究教育现象和教育问题，揭示教育规律性与艺术性的学问。具体理由如下：

第一，教育研究必须从现象入手。教育是一种培养人的社会活动，它广泛地存在着，是作为一种社会现象而存在的，研究教育必然要研究这种社会现象。离开了教育现象也就离开了教育，当然也就很难说是教育学的研究对象了。

第二，教育学的研究对象不是广泛的教育现象，教育学视野中的教育现象的研究应该是指向教育问题的。只有抓住要研究的问题，才能在众多的社会现象中抓住可以研究的教育现象，因为教育现象往往在成为一定的问题时才被人们关注，教育学研究才能获得意义。

第三，教育学研究的对象纷繁多样、形态各异，每一个现象或问题都有其特殊性和个性，教育学研究的目的在于能从这些表面现象和问题中发现教育的运行规律，以便更好地指导我们的教育实践。因此，教育学的研究指向教育规律是自然而然、顺理成章的事。但是，"规律"的范畴解释并不能涵盖所有的教育问题，教育领域中广泛存在的"价值问题"以及"过程的艺术性"很难适合于"科学"的解读。故而，教育学研究就不能舍弃"艺术性"问题。

第四,严格来讲,教育学是研究教育行为及其辩证法的学问。称为学问不攀附为科学,是因为教育研究的方法除"科学"之外,还存在其他许多"规范性的""描述性的""纲领性的"方法等。此外,"学问"比"科学"少一些权威性,多一些讨论的余地。

(二)教育学的发展历程

任何一门学科都有它的产生、发展和完善的过程。教育学的产生,一方面是社会生产活动和其他社会实践活动的客观需要,另一方面也是广大教育工作者在长期教育实践中对教育真谛不断探索和反思的结果。具体地说,随着人类社会的发展,人们在社会生活中所积累的知识和经验日益丰富,将这种知识和经验传授给下一代的活动形式也日益复杂,社会上出现了专门从事这种活动的机构和专职人员,同时也要求教育活动有较严密的计划来进行。

随着教育实践的深入展开,人们关于教育实践经验的积累和概括也在深入地进行,教育知识与理论变得越来越丰富,这就为教育学的产生提供了重要的条件。所以说,教育学是在社会对教育的需要日益增长的情况下,伴随着教育实践能力的增强而产生和发展起来的,它是人类社会和教育实践活动发展到一定历史阶段的产物。

1. 教育学的萌芽时期

自从有了教育活动,就有了人们对教育活动的认识,但是在近代之前,人们对教育的认识活动主要停留在经验和习俗的水平。这一时期,教育学还没有从哲学等学科中分化出来,成为一门独立的学科。这个阶段的时间很漫长,在欧洲从古希腊、罗马开始,直到资产阶级革命的前夜,经历了从公元前5世纪到公元16世纪的2000多年。在中国,这个阶段的时间更长,从公元前6世纪的春秋战国时期到公元19世纪的清朝末年。在这漫长的岁月里,教育学虽未形成一门独立的科学,但出现了许多杰出的教育思想家,一大批思想家、政治家、文学家,也是当时杰出的教育家。他们以自己的哲学思想为基础,总结、概括了当时的教育经验,并从实际出发,对大量的教育问题进行了探讨,提出了许多有重要价值的教育观点和教育主张,为人类积累了丰富的教育遗产。如中国的孔子、孟子、荀子、韩愈、朱熹、王阳明、王夫之、戴震和西方的苏格拉底、柏拉图、亚里士多德、昆体良等等。但是,他们的教育思想没有完整的科学体系,是融合在他们的哲学、政治和文学的著作之中的。孔子的弟子及再传弟子整理的《论语》和古希腊柏拉图的《理想国》等著作中丰富的教育思想,就体现了这样的特点。

中国是教育理论的发源地之一,孔子是古代第一位伟大的思想家和教育家。他首创"私学",执教50多年,提出了"有教无类""因材施教""学而优则仕""学思结合""不愤不启、不悱不发"等许多教育主张,积累了丰富的教育经验。但他没有给后代留下什么专门的教育著作,他的教育思想融合在他的哲学思想、伦理思想里,散见于《论语》这本书中。

被恩格斯称为古希腊哲学家中"最博学的人物"的亚里士多德同孔子颇有相似之处。他曾创办名为"吕克昂"的学校,从事过多年的教育活动,他主张"教育成为国家的事业",

提出并论述了德、智、体、美和谐发展的教育思想。他一生中有丰富的论著，但却没有一本是教育的专著，他的教育观点主要散见在他的《政治学》和《伦理学》等著作中。

大约在战国后期，我国才出现教育的专著，如《劝学篇》《学记》等。相传孟子的弟子乐正克所作的《学记》，是中外教育史上最早论述教育、教学理论的专著，比古罗马教育学昆体良写的《演说术原理》（又译《论演说家的培养》）一书，还早300多年。就《学记》来说，它虽处于教育体系尚未充分展开的时代，但它对教育的目的、制度、内容、方法以及教育者与受教育者的关系等，几乎都做出精辟的阐述，它仅用1229个汉字，对我国古代教育思想和教育经验进行了高度的概括，揭示和表述了教育活动的许多原理，如"教学相长""循序渐进""循循善诱""温故知新""因材施教""尊师重道"等，这不仅是教育科学上的创举，而且经过两千多年教育实践的检验，至今还闪烁着耀眼的火花。虽在科学性、思想性和体系结构上存在历史阶级的局限性，但它在教育史上的地位是不可低估的。到了唐代，誉称"文人之雄"的韩愈作了《师说》，这是继《学记》《劝学篇》之后，又一篇重要的教育专著。它较系统地论述了教师的地位和作用，不愧为中外教育史上出色的一篇师论。虽然这些论著把古代教育理论不断推向前进，对其后的教育思想产生了重大影响，但还未形成科学的教育理论体系，抽象概括的层次比较低，论述问题时，停留于经验的描述，缺乏科学依据，带有相当程度的臆测性和简单的形式逻辑推理。也就是说，教育学的话语体系还没有形成。

2. 教育学的独立形态阶段

17世纪是欧洲资本主义上升时期，也是欧洲政治经济、科学技术、哲学、教育大动荡、大变革的激烈斗争年代。在这样的历史背景下，为适应新兴资产阶级的要求，发展近代科学文化，促进工商业发展对人才培养的需要，教育事业得到迅速的发展。随着教育事业的发展，教育实践中所遇到的各种问题急需做出理论性的概括，于是对教育理论的需求越来越迫切。同时，随着社会生活对教育的需要日益复杂，教育实践经验的日益丰富，人们对哲学、生物学、心理学的研究日益发展，也使得人们对教育这种现象能够具有较为抽象的更合乎规律的认识，教育学逐步地从现象的描述走向理论的概括，从具体的比喻上升到科学的论证。教育学的理论化、科学化水平有了一定程度的提高，教育理论开始进入一个历史发展新阶段，教育学逐渐成为一门独立的学科。

在这一时期，影响比较大的是捷克的夸美纽斯、法国的卢梭和德国的赫尔巴特。夸美纽斯于1632年写成、1657年发表的《大教学论》是世界上第一部以教育为专门研究对象的教育学著作，成为教育学初步成为一门独立学科的标志，正如斯佩曼在《大教学论》的扉页上的题词中所说："如果各时代的关于教育学的著作全部丢了，只要留得《大教学论》在，后代的人便仍可以把它做个基础，重新建立教育的科学。"由此可见，该书在整个教育学发展史上的里程碑价值。在这本著作中，夸美纽斯为教育学科学化所做的努力对整个西方教育的影响主要表现在以下几个方面：第一，构建了教育学的学科基本框架和教育学的基本研究内容。在《大教学论》中，夸美纽斯论述了教育目的，教育与社会、自然和人的关系，教学的内容、方法、组织形式、原则和纪律，道德教育、教育和教学管理等，已初见教育学的理论框架。第二，突出强调了普及义务教育思想。第三，提出了客观自然主义的教育思想，强调了教育要适应自然的原则，为后世的自然主义教育之路开辟了途径。第四，提出了"百科全书式"的教学内容，对文艺复兴时期过分强调人文学科教育、轻视自然科学教育的倾向进行了修正，是西方近代发展自然科学教育的先声。第五，第一次论证了"班级授课制"，而这一制度成为迄今仍广泛采用的最主要的教学组织形式；等等。

如果说夸美纽斯更多的是在教育学学科体系的构建方面做出贡献的话，那么更多地在思想观念方面对后世产生影响的则是18世纪的自然主义教育家卢梭，其代表作为《爱弥儿》。卢梭在《爱弥儿》的序中强调了自己所写的不是教育论文，也不是一种实践体系，只是表达自己的教育看法。他提出了主观自然主义的教育观念，强调以儿童为中心，强调在实践活动中学习，强调实用主义的观念和发现的方法。在西方教育史上，卢梭的自然主义教育思想被誉为"旧教育"和"新教育"的分水岭，在他之后的教育思想家几乎没有不受他思想影响的。德国的泛爱主义教育家巴泽尔被称为"德意志的卢梭"，康德认为卢梭是对他影响最大的人，裴斯泰洛齐称卢梭为自己的老师。正如杜威在《明日之学校》中所言：我们现在努力追求教育进步，其要旨已被卢梭一语道破……卢梭以后的许多教育改革家无不注重从这个要旨出发去进行各种研究。"卢梭同时奠定了实用主义哲学和进步教育的理论基础，我们的现代教育从许多方面来说都是卢梭思想的产物。"

继卢梭之后，对教育学学科发展做出贡献的是德国哲学家、教育家赫尔巴特。他于1806年出版的《普通教育学》，在教育史上被誉为第一部具有学科形态的教育学著作。至此，教育学作为相对独立的学科地位被确定了。与卢梭在《爱弥儿》中所表现出的典型的法国浪漫主义不同，赫尔巴特在《普通教育学》中表现了德国严谨的理性主义传统。赫尔巴特对教育学研究的贡献主要表现在四个方面：一是致力于将心理学知识运用于教育学，以提升教育学研究的科学性；二是以伦理学为基础，提出了"博学通才"的教育目的；三是首创"教育性教学"原则，强调教学对培养品德的作用；四是创立了"明了、联想、系统、方法"的"四段教学法"，使教学过程阶段化、心理学化。在教育目的论上，赫尔巴特认为人的追求是多方面的，因此，教育目的也应是多方面的。赫尔巴特的教育目的论在世界教育思想发展史上起过重要的促进作用：第一，他努力把教育目的论建立在心理学的基础上，从学生的个性和兴趣的角度论述教育目的，这一点与后来以杜威为代表的现代教育派是一致的。第二，他的教育目的论极大地丰富了近代西方教育学的理论体系。他的教育理论以哲学和心理学为双翼，这两个方面在他的教育目的论中都有充分的体现。第三，他的教育目的论贯穿于他的教育管理理论、道德教育和教学理论之中。在教学论中，赫尔巴特把教师对学生实行严格管理、学生围绕着教师学习，学生的知识来源主要是教科书、教师的讲授，教学方式主要是课堂教学，视为教学的三大要素。除了教学必须围绕这"三个中心"进行之外，教学过程还必须严格按照儿童心理活动规律而划分的教学四阶段进行（或演绎为五个阶段），从而使长期处于杂乱无章的教学过程走上了有章可循的规范道路，这在西方教育史上还是第一次。赫尔巴特的教学论由于它显而易见的优点和严谨性，很快便受到了普遍的欢迎，到1865年止，赫尔巴特的思想已渗入了绝大多数欧洲教育学中与心理学理论中，各地的学者纷纷研究赫尔巴特的著作，详尽地阐述着他的观点。然而，不到半个世纪，随着杜威实主义教育理论的出现，赫尔巴特教育理论在西方的影响犹如夕阳西下，进步主义教育运动和实用主义教育理论初露曙光。

（二）教育学的多样化发展阶段

赫尔巴特的教育学理论在19世纪几乎占据了统治地位，人们称之为"传统教育学"。情况在19世纪后半期发生了变化。在这一时期，随着科学技术的发展，一些新兴的学科如社会学、法理学、人类学的出现，一些老牌的学科如数学、哲学等学科得到新的发展，学派纷呈。传统教育学以哲学和心理学作为其理论基础，而这些新老学科对教育学的日益渗透，使得教育学的理论基础开始动摇。实用主义教育学、实验教育学、文化教育学、批判教育学等不同的教育学派相继粉墨登场，教育学的发展呈现出多样化的繁荣局面。

1861年，英国思想家、社会学家斯宾塞出版了《教育论》。斯宾塞是英国著名的实证主义者，他反对思辨，主张科学只是对经验事实的描述和记录。他提出教育的任务是教导人们怎样生活。他把人类生活分为："①直接保全自己的活动；②从获得生活必需品而间接保全自己的活动；③目的在于抚养教育子女的活动；④与维持正常社会政治关系有关的活动；⑤在生活中的闲暇时间满足爱好和感情的各种活动。"他运用实证的方法来研究知识的价值问题，认为直接保全自己的知识最有价值，其次则是间接保全自己的知识，其他的知识价值次第下降。由此，他强调生理学、卫生学、数学、机械学、物理学、化学、地质学、生物学等实用学科的重要，反对古典语言和文学的教育。此外，他还特别重视体育，他说："不仅战场的胜负常取决于兵士的壮健程度，商场竞争也部分由生产者的身体耐力所决定。"在教学方法方面，他主张启发学生学习的自觉性，反对形式主义的教学。斯宾塞重视实用学科教育的思想，反映了19世纪资本主义大工业生产对教育的要求，但斯宾塞的教育思想具有明显的功利主义色彩。

实验教育学的代表人物是德国的梅伊曼和拉伊，实验教育学反对理性主义的研究传统，坚持将科学主义作为教育研究的主要理论基础，把实验心理学的观察、实验、统计方法引入教育学研究。实验教育学的主要观点是：第一，反对以赫尔巴特为代表的强调概念思辨的教育学，认为这种教育学对检验教育方法的优劣毫无用途。第二，提倡把实验心理学的研究方法和成果应用于教育研究，从而使教育研究真正"科学化"。第三，把教育实验分为三个阶段：首先就某一个问题构成假设，然后根据假设制订实验计划再进行实验，最后将实验结果应用于实际，以证明其正确性。第四，认为教育实验和心理实验的差别在于心理实验是在心理实验室进行的，而教育实验则要在真正的学校环境和教学环境中进行。第五、主张用实验、统计和比较的方法探索儿童心理发展过程的特点及其智力发展水平，用实验数据作为改革学制、课程和教学方法的依据。实验教育学所强调的定量研究成为20世纪教育学研究的一个基本范式。

20世纪初，美国出现了实用主义教育学理论，这种理论是由美国教育学家杜威创立的，他于1916年出版了《民主主义与教育》一书。和实验教育学一样，实用主义教育学也是在批判以赫尔巴特为代表的传统教育学的基础上提出和发展起来的。很显然，实用主义教育学以实用主义作为哲学基础和理论依据，在此基础上，实用主义教育学提出了自己的基本观点：第一，针对传统教育严重脱离学生的实际生活的弊端，他提出了"教育即生活""教育即生长""学校即社会"的观点，认为教育的过程和生活的过程是合一的，而不是为将来的某种生活做准备。第二，教育即个人经验的增长。让学生在真实的生活情境中增长自己的经验，这是教育的最终目的。第三，学校的课程是以学生的经验为中心的。认为在学校生活中"儿童是起点，是中心，而且是目的。儿童的发展、儿童的生长，就是理想所在。……对于儿童的生长来说，一切科目只是处于从属的地位，它们是工具，它们以服务于生长的各种需要衡量其价值。"第四，教育教学活动的展开不再以教师为中心，教师只是学生生长的帮助者，"这里，儿童变成了太阳，而教育的一切措施则围绕着他们转动，儿童是中心，教育的措施便围绕他们而组织起来。"第五，教育教学中要注重儿童创造性的发挥，提倡儿童在学习的过程中独立探索、发现。总之，杜威作为世界教育思想上的巨人，其教育理论不仅系统全面，而且洋溢着清新的时代气息。

与此同时，苏联十月革命后进行了一系列教育改革，取得了一定的教育经验。在这一时期，试图以马克思主义的观点研究社会主义的教育学的代表作——凯洛夫主编的《教育学》，于1939年出版。该本教育学著作传承了欧洲传统教育的思想，重视系统知识的传授，强调教师的作用，主张课堂教学，有一定的积极意义，对我国影响颇深。20世纪上半叶，我国的很多学者也试图将马克思主义与我国的教育改革实践相结合来探讨中国式的教育学。1930年，杨贤江出版了《新教育大纲》，这是我国第一本试图用马克思主义的观点论述教育的著作。

自20世纪50年代以来，随着科学技术的迅猛发展，国际政治经济格局的变革、教育权斗争的深入发展和智力开发理论的深化，世界教育学的理论进一步深化、多样化，出现了一些新的发展成果。

20世纪中叶，美国出现了结构主义教育理论，其代表人物是布鲁纳。20世纪60年代出版了他的研究报告《教育过程》。他是在反思杜威教育思想的过程中提出了自己的结构主义课程观。他强调课程和教材结构的重要性，要求按照学科知识的基本结构来设计课程，把学科的基本概念和基本原理作为教材的中心。他认为儿童智力发展有很大潜力，只要课程设计得当，他坚信任何学科都能以理智诚实的形式有效地教给任何年龄的儿童。因此，课程和教材可以加深难度。但他强调，课程教材难度的加深不能依靠教师的灌输和学生被动的学习来实现，而应该通过启发诱导，尽可能地让学生自己去发现，所以他特别倡导运用发现法进行教学。他的思想对世界基础教育的课程改革产生了较大的影响。

另一个对教育学影响比较大的是美国的教育心理学家布卢姆，1956年他出版了《教育目标的分类系统》一书。他把教育目标分为认知目标、动作技能目标和情感目标三大类，每一类又分成不同的层次。这种对教育目标进行分类的方式，可以有效地帮助教师更加细致地确定具体的教育目标和任务，为人们的教育评价提供一个理论框架。但布卢姆只是对教育目标进行了分类，并没有谈到如何与学生的年龄结合起来实现教育目标，缺乏一定的学习实践指导。

20世纪70年代，人本主义教育思潮兴起。它不是对60年代教育改革的全盘否定，而是一方面仍坚持主张培养卓越的智力，另一方面指向人格整体教养，构成更加以人为中心的教育。如罗杰斯的"以学习者为中心"的教学观主张：以人的本性为出发点，以发展创造力为核心，以形成独立的个性为归宿的教学目标；以学生为中心，建立新的师生关系；强调意义学习；无结构教学及其特殊的教学方法等。

上述所列个案只不过是教育学多样化发展情景的一个缩影。这一时期，教育学不仅在其理论基础上存在很大差异，在教育研究方法和一些具体的教育主张方面也存在很多分歧。没有哪一种理论或学说能够一统天下，在不同国家和地区，教育学的发展呈现出一种学派林立的局面。这正是教育学发展到多样化繁荣时期的标志。

四、学习教育学的意义与方法

中外教育学百年发展过程中，其存在的合法性不断地遭受质疑。首先，在教育学术界，不少学者认为，教育学虽然有科学之名，其实学术性、理论性是很差的。例如，有人就以自然科学为模式来评价教育学，认为教育学缺乏应有的精确性。教育学的必需性受到质疑，是有背景的。一方面，20世纪六七十年代以来，国际上教育学派林立，搞乱了人们的思想，使教育实践不知如何进行；另一方面中国的教育学本土化远远未完成，基本的理论框架与话语体系尚未确立，这大大影响了教育学的学术形象，尤其当它在面对一系列教育改革实际问题时那种软弱无力的表现，更令人失望。在实践领域，一线教师和管理工作者的质疑则主要集中在如下几个方面：第一，教育学话语体系侧重于概念和范畴的思辨，忽视或远离教育实际需要，现实针对性和实践性不强。事实也表明，实际教育工作者经常是从教育学之外来吸取教育观念、教育方法或其他的教育思想资源。第二，教育学著作的语言太抽象、空洞、可读性差，且远离生活实际，故读者与听众寥寥无几。第三，教育学在当下轰轰烈烈的教育改革大潮中没有发挥多少积极性、建设性的作用，因而自然得不到教育政策制定者的重视，教育学在很大程度上也失去了发展的政策空间。在这种背景下，教育学差不多成为一种经院哲学。

那么，教育学的价值究竟何在？我们为什么要学习教育学呢？这是需要重新认识和评价的。上述教育学的价值危机主要不是来自外在的责备，而是来自自我不恰当的价值允诺以及实际教育工作者不恰当的价值诉求。教育学要想摆脱价值的困境，重获生机，就必须重新恰当地阐述自己的价值理想。

（一）教育学能够增进教育者的理性，使教育者思想成熟

教育学归根结底是为教育实践服务的，学习教育学是担任教育职务的必要条件，已为世界各国所公认。不过，教育学为实践服务的方式主要不是要告诉人们什么是无可辩驳的真理，而是要帮助他们思想上成熟，增进他们教育思考和教育实践的理性水平。思想上的成熟与实践上理性水平的提升实际上是一回事，前者是后者的思想条件，后者是前者的实践结果，只不过两者强调的基点不同。

众所周知，教育活动是非常复杂的个体行为，它关涉个人、社会、国家、民族、人类，关涉理智、情感、行为及责任等。一个教育工作者，如果没有成熟的思想和理性的行为，是很难胜任工作的。大量的教育经验表明，没有成熟思想的教育是肤浅的、短视的，其具体教育价值反问也是相互冲突的。真正的教育家，没有一个不是在教育及其相关问题上有着深思熟虑的。正如康德所言，真知灼见固然需要教育，教育亦需依靠真知灼见。这种对教育的"真知灼见"不是人们生来就有的，也不是在后天自然习得的，而是依赖于后天的学习。现在教育学的教学受到指责最多的是学了教育学并不能帮助师范生成为一个好教师。对此要做具体的分析，作为一个教师不仅应该知道该怎么做、不该怎么做，而且要有对实际情况进行判断的能力。判断能力是要靠在实际工作中逐步领悟和提高的。一个大学毕业生，虽然学过教育学，但第一次碰到陌生的情况时，仍会感到束手无策，这是毫不奇怪的。所以，综上所述，教好教育学，学会对教育问题或现象进行理性思考，应该是所有教师和其他教育工作人员具备的一项"基本功"。

（二）引领教育者的教育生活，指导教育者的教育实践

对于教育者而言，教育学的目的就是把他们从无知或固定僵化的程序中和大量偶然的事件中解决出来，使之获得"教育的自由"，从而促使他们教育生活的自我更新。从理论上来说，教育生活是由教育者自身建构起来的，任何外在因素（如教育目的、教科书等）必须纳入他们的思想观念中才能发挥作用。然则，教育思想的来源可能是多种多样的，且在日常的教育生活中，还要受到各种琐碎事务的缠绕和羁绊，很可能还处于"个证自明""日用不知"的状态。实际上，这样所造成的结果就是教育者对自己的教育行为认识得很肤浅，而对于"冰山"之下部分则知之甚少。而教育学则可以帮助教育者认识和反思教育规律及教育实践行为的合理性问题。

（三）对教育政策进行理论分析，指导教育改革

不难理解，各种不同层次的教育政策是塑造具体教育行为的强有力因素。所以，教育政策的制定和实施就成为当代教育改革的核心环节。在这种情况下，教育政策及其实施过程的合理性与价值性就成为影响教育改革的关键因素。随着教育改革实践的深入以及公众对教育参与的高潮，社会越来越要求教育改革政策更加科学化、理性化、公开化，在这种需要下，教育学的政策研究科学性及批判性功能应逐渐加强。中华人民共和国成立以来，几次教育改革的实践已证明，只有遵循正确的方向，依靠教育科学理论指导，严格按照教

育规律办事，改革才能顺利进行并取得成功。否则，教育政策的制定和实施，甚至整个教育改革事业就会陷入主观主义或经验主义的泥坑。因此，对于教育政策的制定者及实施者来说，科学的教育理论是不可缺少的知识基础与思维方式。

由于受教育学僵化模式以及现实生活的影响，在学习教育学过程中人们总是表现得缺乏热情。建立在新理念基础上的教育科学理论，不再讨论那些抽象"教育基本问题"，而是讨论那些与人和社会生活现实密切相关的教育问题，讨论的方式也不再是演绎的和规范的，而是探讨的和批判的；教育研究的目的不是强迫人们接受什么，而是引导人们去思考、去发现、去行动。这种教育理论的学习将是充满启迪和理智愉悦的。不过，对于初等者来说还要努力做到以下几点。

第一，对社会和人生问题高度关注。这种关注是不同于一般的有意或无意注意的，而是持续的并充满同情、责任和爱的，其目的是要深入解释社会生活及其与教育活动之间的关系，没有这种关注，一个人就不可能真正理解教育的真谛，甚至就不可能踏入教育学之门。

第二，不断挖掘教育生活的经验。即深入挖掘自己和他人的教育生活经验，包括开展教育生活的经验和接受教育的经验；选择那些比较典型的教育生活经验作为案例，完整地分析它们；将教育生活的经验与其他社会生活的经验联结起来进行总体的思考。这是一名成功教育者应潜心修养的"基本功"。

第三，要理论联系实际。教育学是一门实践性很强的理论学科，在学习时，必须联系实际才能融会贯通。所以，要通过教育观察、见习、参观、访问和调查等获得一定的感性认识来配合学习理论知识，并充分利用现代化教学手段来与教育实践沟通。同时，要学会运用教育理论知识分析解决教育的实际问题。

第四，要学好教育学，还必须学习哲学、社会学、伦理学、美学、心理学、生理卫生学、人口学等与人的发展有关的知识。这些都是教育学的理论基础，是学习和掌握教育理论的知识前提。另外，还应该多看一些人物传记，因为它可以栩栩如生地告诉你一个人是怎样成长的，是如何取得成功的。这有助于我们对教育思想、教育理论的理解和掌握。

第二节 教育的目的

教育最伟大之处是能够唤醒人的心灵的力量，教育让人性得到升华，因而成为人的内在需要和本质要求。

教育的作用是巨大的，不仅对个人的发展有着举足轻重的作用，对社会的进步也有着巨大的推动作用。教育能够启发心智，教育能够完善人格。个人是社会中的人，完善了的个人对社会政治、经济、文化的发展又有着不可忽视的推动作用。

在这里，孟子正面阐述了自己关于人性本善的看法。不仅人性本善，人性本来有"四心"，就连仁义礼智这四种品质道德，也都是"我固有之也"，只不过平时我们没有去想它，因而不觉得罢了。所以，现在我们应该做的就是要在自己的身上，自己的本性之中去发现自己美好的素质，充分发挥自己的天生资质，达到"尽其材"的目的。抛开其中唯心主义的色彩不提，作为孟子教育思想的基础，"性善论"还是有其进步的、健康的教育意义的。其中最根本的一点就是"性善论"说明了人性是人类所独有的、区别于动物的本质属性，人之需要社会伦理与政治，这是由人的内在本质所决定的，学习的可能，不再于其他，而首先在于人之为人。而教育与学习就是人的必需，也是人的可能：人需要教育。

　　那么，教育的目的究竟是什么呢？我们是人，比起地球上的一切动物来说，都具有无与伦比的优越性，教育也跟其他动物存在巨大的差别，除了动物所需要求生的本领技能之外，还有更高的目的，这才是我们所需要的教育的最高目的。

　　美德是教育的基础目的，为了达到教育的更高目标，必须要考虑到一个人走得更远，站到更高的地方，看到更广阔的时空，充分体现出教育的实用性、功效性、发展性，在注重美德教育的同时，更要重视智力挖掘的教育方法。也就是说，通过教育的捷径，激发蕴藏在人生命中的无限潜能。意识的力量是一种无形的存在，我们的精神世界蕴藏着无限的潜能，一旦化作一个人的生命力，将爆发出强大无比的威力，甚至可以撼动整个人类，达到教育至高无上的境界，这才是教育的宗旨。

　　简单地说，挖掘人的智慧潜能，就是发展人的天赋。天赋在谁的生命里都存在，关键在于如何利用教育的手法，因材施教，理性地激励他去释放出天赋的能量，转化为强大的力量。教育的方法不能一概而论，要因人而异，好像花草树木的栽种那样，不同的种苗要施放不同的肥料，浇灌不同分量的水分以适宜它的需要，才能够使花草树木的幼苗茁壮成长。理性教育的道理亦是如此。然而，在我们现实的教育中，大多数教育工作者往往容易忽略这样的问题，偏重于教育的一致性，这是教育工作者较易犯的错误。那么，既然我们的教育要重视德、智、体、美、劳的全面发展，就不能够让学生凭自己的天性随意地发展，既要对其进行约制，也要对其进行开发，这正是理性教育的道理。

　　教育的作用，就是要让人摆脱无知及愚昧，使其得到美化、升华、令人受益。我们接受教育，其目的是增强自身的能力，能够得到能力去谋取某种利益，以实现人生的愿望。

　　由此可见，教育是任何一个人都必须要面对的人生主题。教育是人性的升华，在人生的旅途中，我们必须要接受教育。接受教育的式样非常关键，教育工作者本身能力的优劣，还有教育环境条件的好坏，都会对受教育者造成极大的影响。教育的方式是可以变化的，好的方式可以变坏，坏的的方式可以变好，大多数都取决于教育者和受教育者。一方面看教育者是否诚心诚意地施教，另一方面看受教育者是否虔诚认真地学习，两者的态度，决定着教育的效果。教育工作者怀着唯利是图的心态去教，功利的教育只会使他敷衍了事。同样，受教育者怀着被压迫的心态去学习，也会变得散散漫漫、三心二意、应付了事。

　　所以，我们要实现教育的目的，必须要有一个教育的前提，首先要实现德行教育的目的，即是要让教育者理解到，施教是一种责任，必须要认真履行职责，展现自身优越才智与能力。于受教育者来说，让他深刻地理解教育的目的，是为了他自身的需要，让他怀着自发性的意志而心甘情愿地接受教育。当教育工作者和受教育者就教育目的达成共识时，才能够更容易地达到教育的目的。认识教育、理解教育，是为了让人通过接受教育，学会学习，学会教育自己，又能够教育别人，这就是教育的最终目的。

孟子谈天命，谈人的本性，从字面意思看似乎具有很浓厚的神秘色彩。但是究其内涵，孟子宣扬的是一种充满了积极主动的个体精神，对待天命，不过是保持心灵的思考，涵养人之所以为人的本性罢了；所谓安身立命，也不过是一心一意地进行自身修养而已。用我们今天的话来说，就是要加强知识学习和思想修养，充实自己的心灵。教育的对象是人，而最终目的也是为了人。所以，教育是"人"的事业。一切教育本质上都应该是对受教育者的关爱。教育学生就要让他感受到这种关爱，当他在爱的体验中感悟，在爱的感悟中反思，学生就真正成为教育的主体，自觉地完成自我教育的过程。所以，教育要充分关注受教育者的心灵。积极的情感、态度、价值观，哪一个可以不经过心灵的激活而诞生？正如苏格拉底所说，教育不是灌输，而是点燃心灵的火焰。所以，教育是引领心灵的旅程。从一定意义上说，教育的核心就是唤醒。

人总是有着一种生命的创造冲动，这说明人具有内在自我发展的动因，并外在地表现为其不满足于已有的定论，不相信唯一的答案，不屈从于任何外在的压力而放弃自己的主张。还表现为对自己现时发展状况的不满足甚或否定，致力于追求更高水平、更完善的发展。因而我们的教育应该呵护、关怀人的这种生命的冲动意识，使学生在现实中能够大胆地去追寻自我，大胆地去展现自我，在追寻和展现中各种能力得到充分的发展。

唤醒，是一种教育的手段，这就要求在教育学生时教师对学生要有更多的信任、更多的期待，相信学生能够健康茁壮地成长。学生一旦得到信任，他们的内在动力就会被激发，他们就会变得聪明、能干、有悟性、很懂事。那么，教师就不要总是叮咛他们，检查他们，监督他们，审查他们，甚至因为学生暂时表现不好而失去对他们应有的信任。

在每一个班级或多或少都有后进生，对待这部分学生，教师应从培养良好的非智力因素入手，启发诱导，激发兴趣，去唤醒学生内在的动力，使其明确学习目的，端正学习态度，变"要我学"为"我要学"。这是一个极其艰苦的过程，教师要付出艰辛的努力。有人说"教育的全部秘诀在于爱"，教师要积极关爱后进生，关注他们每一点的进步。教师要用满腔的爱去唤醒他们"沉睡的心灵"，用爱去填补他们心灵的鸿沟，用爱去消除他们情感的障碍，用爱去找回他们的自信和自尊。只有这样，才能使后进生打开心扉，乐于接受教师的教育。

唤醒，也是一种教育的艺术。学生的灵性和欲求总是发生在不经意之间，如果教师不善于发现这种灵性和欲求，就错失了唤醒的有利时机。因此，教师要有一颗灵动的心，不时地去贴近、去感受学生；要有一双锐利的眼睛，去观察、去发现他们的闪光处。再加上赏识教育，多说一句关爱的话，多给一个鼓励的眼神，多一次信任的微笑，这样才更有助于唤醒学生沉睡已久的意识和潜能，使学生天性中最优美、最灵性的东西发挥出来。

总之，在教育的过程中，要用自己的情感和心灵去贴近学生，去研究学生，才能探寻到更适宜的教育方法，才能激发学生，点燃他们心中的火焰。因为，教育，实际是心灵的事业。

苏霍姆林斯基在《我把整个心灵献给孩子》中曾阐述道："心灵既是指教师的心灵，也是指学生的心灵，所谓教育就是心灵对心灵的感受，心灵对心灵的理解，心灵对心灵的耕耘，心灵对心灵的创造。"当教育者真正用心灵来思索，用心灵来工作的时候，就能够在学生的心灵世界中点燃圣火，那火光一定会照耀他生命中更遥远的路途。

孟子性善论把"存心""求放心"当作教育的任务和个体修养的内容。主张存心寡欲，提出道德修养必须正确对待物质欲望问题。它要求人们追求高尚的精神生活，不要贪图物质生活享受，物质享受方面的欲望多了，将妨碍精神境界的提高。这是其合理的一面。另一方面，它把二者绝对对立起来，"何必曰利，亦有仁义而已矣"，则较为极端。同样，它强调思维对道德修养的重要性，要求树立对道德的理性自觉，是合理的因素。但是视感觉器官为"小官"，轻视感性认识，割裂理性认识与感性认识的联系，则是错误的。总地来看，孟子所提倡的存心寡欲的修养方法具有一定的唯心主义禁欲主义色彩，但是在道德修养的过程中重视精神追求却是应该提倡的，反映在教学原则方面就是一种追求健全人格的教育观念。

以培养健全人格作为教育的终极目标和价值取向，一直是中外教育家、思想家们所孜孜以求的。不过"健全人格"是个历史概念，不同历史时期，人们对"人格"和"健全人格"的理解不尽相同。在古代，不一定有"人格"或"健全人格"这些词语，但在他们的心目中都有那"人之所以为人"的完美的人的品格。例如，我国古代教育家以"圣人""君子""贤人"为理想人格；一些外国古代教育家以"和谐发展的人""全人"为理想人格；今天人们把人的"知、情、意的和谐充分发展"作为理想人格，虽然说法不一样，但是价值追求其实是一致的，或者说，随着历史的发展，理想人格或健全人格的内涵在不断充实、调整，日臻完善，但教育以完美人格为目标导向是不变的。完美人格的核心在孟子那里就是仁、义、礼、智四德："仁、义、礼、智，非外铄我也，我固有之也。"这就是著名的性善论。不过，他同时认为，人们天生的善只是一个起点，一个发展的端点，人们这种善良的天性如果不在后天的生活中诱发、扩充，善就会泯灭，人就会变恶。因此，必须在后天做出不懈的努力。为了达到完美的人格境界，孟子提出一系列修养方法:存心寡欲和养浩然之气。"养心莫善于寡欲。其为人也寡欲，虽有不存焉者，寡矣；其为人也多欲，虽有存焉者，寡矣。"（《孟子·尽心下》）"其为气也，至大至刚，以直养而无害，则塞于天地之间。其为气也，配义与道；无是，馁也，是集义所生者，非袭而取之也。"（《孟子·公孙丑上》）公孙丑问孟子："夫子加齐之卿相，得行道焉，虽由此霸王，不异矣。如此，则动心否乎？"孟子对曰："否。我四十不动心。"（《孟子·公孙丑上》）这就是说，孟子在高官厚禄和名利面前都不动心。这正是孟子所主张的理想的人格。而塑造人格正是教育的出发点和落脚点，教育或者是张扬人固有本性的活动，或者是改造固有本性的活动，或者是兼而有之的活动。通过教育，人才能成为"人"。

我们大力倡导的素质教育既是社会变革的客观要求，也是教育本身发展的必然结果。

那么人格教育思想对我们目前全面推行的素质教育到底有什么重大意义呢？人格教育在素质教育中处于什么地位呢？我们认为，人格教育是素质教育的核心，人格教育思想对贯彻和实施素质教育起着极其重要的作用。

首先，人格教育体现了素质教育的根本宗旨。"实施素质教育，就是全面贯彻党的教育方针，以提高国民素质为根本宗旨，以培养学生的创新精神和实践能力为重点，造就有理想、有道德、有文化、有纪律的德、智、体、美全面发展的社会主义事业的建设者和接班人。"这段话明确了素质教育的根本宗旨："提高国民素质"。

人格教育一直以人性、人本身的发展作为教育的价值追求和目标导向，它始终强调人格教育首先是成"人"教育，首先要把学生培养成一个"人"，然后才可能全力实现或提高人之所以为"人"的潜在素质。因此，在把人放在教育的中心位置，以提高人的素质为宗旨这一点上，人格教育与素质教育可以说是完美的结合体。

其次，人格教育反映了素质教育的培养目标。素质教育所造就的是"有理想、有道德、有文化、有纪律的德、智、体、美全面发展的社会主义事业建设者和接班人"，人格教育的培养目标很好地体现了这一点。

人格这一相对稳定的整体性心智系统，由人的认知、情感、意志三个子系统构成。这三个子系统的和谐、充分发展就是健全人格。而素质教育培养目标之"四有"与人格结构中的这三个子系统是基本重合的，有文化即认知系统的发展，有理想、有纪律、有道德即情感系统和意志系统的发展。足可见"健全人格"与素质教育培养目标中的"全面发展"有着本质上的一致性。

再次，人格教育有利于素质教育的实施。人格教育有利于发展学生的非智力因素，把培养学生的情感和意志作为重要任务；人格教育有利于发掘学生的潜质。人格教育的首要任务是把学生培养成"人"，在实现基础目标后，向更高层面进军——人的潜能的和谐充分发展，最终达到"自我实现"和"高峰体验"（马斯洛语）的理想境界；人格教育有利于发展学生的个性。从某种程度上来说，人格教育正是个性教育，是发展人的个性特征（需要、兴趣、智力、能力、气质、性格）的教育。

最后，人格互动应当成为素质教育的教学模式。教学活动中的互动是指师生间发生的一切交互作用和影响，它在学生发展和教育中的重要意义正被越来越多的教育研究者和实践者所认识。实际上，教师在与学生交往过程中其一言一行所表现出的道德情操、学问见识、性格气质等无不对学生产生巨大的榜样作用和示范作用，对塑造学生的健全人格有不可低估的潜在影响。师生互动不是教师对学生的单向、线性的影响，而是师生间双向、交互的影响。教师在交往过程中流露出来的对学生的情感、期望与评价，直接影响学生的自我认识、社会行为等人格因素。反过来，学生对老师的情感、评价，在老师那里也能产生这样的影响，甚至学生的高尚品质、学生某一方面渊博的知识对老师情操的提升、学识的增长也能起到积极的作用。"弟子不必不如师，师不必贤于弟子"以及"教学相长"等在我们的文化内涵中积淀下来的观念也证明了这一点。同时，师生间这种交互作用和影响不是一次性的、间断性的，而是链状、循环的连续过程，师生正是在这样一个连续的动态过程中不断交互作用和相互影响的。因此，素质教育理念背景下的教学活动是施教者与受教者之间人格碰撞的过程，是一种人格活动。

师生间的人格互动具有如下特征：教学伦理上的平等、教学方式上的对话和教学途径上的多维。

互动教学要求师生做到教学伦理上的平等，这就要求将民主作为互动教学的第一法则，教师必须在伦理上把自己放在与学生平等的位置上。这种平等包括知与情两个方面。从知的角度来看，教师和学生只是知识的先知者与后知者的关系，并不存在尊卑关系。教师不应以知识的权威者自居并对学生存有偏见和歧视，否则会造成师生之间的对立。从情的角度来讲，学生与教师一样，在人格上是独立的，每一个学生都有着自己丰富的内心世界和独特的情感表达方式，都需要教师的理解和尊重。民主平等的师生关系，除了可以成为互动的前提之外，其自身就具有极大的教育价值。互动教学主张教师和学生具有对话心态，坚持对话原则。变教师传授知识、学生接受知识为师生互动交流，在对话与合作中学习。通过对话教学，学生不仅获得了活的知识，更重要的是获得了理性，并在富有启发性、探索性的对话中获得了主体性的发展。既然是对话教学，言语对话的形式是最基本的、不可少的。但这并不是判断对话教学的唯一标准，甚至还不是第一标准。判断一种教学是不是对话教学，关键取决于教育者的教育意向与教育过程互动的实质。它应该发生在对话双方自由的探究或自发的讨论中，发生在对话双方精神上真正的相互回应与相互碰撞中，发生在双方认知视界的真正融合中。相对于传统的教学，对话教学是师生交往的、互动的、合作的教学，充满着无穷的可能性，洋溢着生命的色彩，富有活力和魅力。

互动教学要求教学途径多维化。师生互动的具体情境应该是千变万化的，既可能发生在有组织的教学活动中，也可能是在非正式的游戏、生活和交往活动中。其形式也可以是多种多样的。就教师而言，可以是与个别学生，也可以是与一组学生、全体学生等等。

总之，人格教育虽然还没能成为普遍的现实教育，但认清它与素质教育的关系，对推动素质教育的发展必然是有益的。

第三节　我国的教育目的

教育目的的确定依据要求注重"人"的作用，而我国教育目的存在对"人"的缺位。教师作为人的范畴在教育目的的实现中具有不可忽视的作用。

教育目的规定了把人培养成为什么样的质量和规格的人。从广义上来说，教育目的存在于一切教育活动当中，它既存在于学校教育中，也存在于学校之外的教育中。本节所说的教育目的是存在于学校的教育中的，即教育是一种有目的、有计划、有组织的活动。

一、我国的教育目的

教育目的的确定依据可以分为个人本位论、社会本位论和社会需要与人自身发展的辩证统一论。个人本位论即教育目的的确定需要依据人的本性，代表人物有卢梭、福禄培尔、裴斯泰洛齐等；社会本位论即教育目的的确定需要社会的要求，代表人物有孔德、涂尔干等；社会需要与人自身发展的辩证统一论，按照马克思主义的观点加以分析，社会的需要与人的自身发展是辩证统一的，教育目的应当反映这种辩证统一的关系。

我国以"教育必须为社会主义现代化建设服务，为人民服务，必须与生产劳动和社会实践相结合，培养德智体美等全面发展的社会主义事业的建设者和接班人"为教育目的，这就可以很容易地看出来，教育目的的确定依据太注重社会本位论，而相对缺少了对"人"的关注。教师作为"人"中的"一员"，在教育目的的实现过程中具有不可忽视的作用。

二、我国教育目的的实现过程及教师在其中的作用

我国教育目的的实现过程，其起点是社会对教育的需求，终点是受教育者个体的发展。教师作为"人"的"一员"，不论在教育目的实现过程的起点，还是在其实现过程的终点，都有不可忽视的作用，不能"头轻脚重"。

（一）第一层次

该层次总的任务是把社会对人才的质量和规格要求转化为教育目的，对教育系统做出质、量和结构的规定，确定教育的制度、教育事业发展规划、教育的政策和教育的法律法规。该层次的实现把社会主体论当作教育目的确定的依据，由教育主管当局厘定，或者由教育团体、社会团体等厘定。这就缺少对教师和学生的考虑，而教育活动的主要参与者是教师和学生，这对教育目的的实现显然是有阻碍的，因此在第一层次教师应发挥以下作用：

积极与教育主管部门交流，反映学校和学生对教育目的的期望。制定教育目的尽管需要考虑社会的需要，但还需要考虑学校现在是什么情况？是不是能够适应已制定的教育目的？当代学生的身心是怎样的？对于社会，学生有什么需求？教师作为教育目的的执行者，应积极向教育主管部门进行交流，提供建议，这既有利于教育目的的制定又有利于教育目的的实现。

努力完善教师自身的价值判断。教师作为人的范畴，具有社会性，难免会以个人价值为依据阐述建议，这就要求教师树立对学校和学生客观评价的社会价值意识，把实际情况反映给教育主管部门。

（二）第二层次

该层次的总任务是依据第一层次确定的总任务，结合学校所在地区经济和社会发展的具体状况，确定各级各类学校办学具体方案，即要求各级各类学校明确自己具体的培养目

标、教育教学的任务，制定学校和部门工作计划以及学校的发展规划。该层次制定的主体比较多，主要包括：国家、教育行政部门、学校以及教师、社区有关的主体、学生家长等。教师作为学生和社会联系的中介环节，其中的作用体现为：

教师与教育主管部门的联系。教师可以把在课堂上学生出现的实际情况、与学生家长沟通得到的意见和建议进行整理，提交给教育部门作为教育目的完善的一部分，使教育目的的实现更具有信度和效度。

教师与社区及家长的联系。教师与学生的生活有密切的联系，教师为了学生更好地发展，要与学生家长及其生活的社区进行交流和探访，这样就有利于传达教育目的，进而对教育目的在第二层次的实现有促进作用。

（三）第三层次

该层次依据第二层次的任务，确定各科教学以及各项活动标准、任务、实施的计划等。这一层次制定主体有国家、教育行政部门、学校和教师。该层次教育目的的实现更加接近教师的教学工作，因此教师的作用更加突出。

提出关于学科的建议。关于学科的建议包括该学科内容、实施的建议。学科内容的建议主要是符合当今社会的需要、符合学生的身心发展规律的接受程度、符合教师教学的理解能力等；实施的建议主要有该学科的教学方法、教学组织形式、教学模式等。

提出关于各项活动的建议。活动可以分为课内活动和课外活动。教师根据学生的心理特点、社会阅历、身体状况等，对活动的标准、任务、实施的计划做出合理的判断，使活动更加有效。

（四）第四层次

该层次的任务是把学校的各项工作方案以及各科教育教学活动标准，转化为教师的工作方案、教育的认识以及教育的行为。该层次制定主体有教师集体和教师个体。教师作为教育目的实现过程的主体在该层次的作用有：

完善学校各项工作方案和教育教学活动标准。学校工作方案的制定应该征求教师的意见，使工作方案符合本学校的实际情况，进而促进学校和学生的共同发展。教育教学活动标准的完善要根据教师的个体差异进行合理优化，教师教学方法、性格的不同，要求教学活动的标准要有弹性，不应千篇一律。

完善教师自身。教师工作方案的制定需要教师有很好的组织和领会能力，使方案能够合理；教育认识的深入需要教师不断地更新教育理念，学习最新教育学和教育心理学的知识；教师教育行为实现需要教师提高理论联系实际的能力。

（五）第五层次

该层次的主要任务是把教师提出的教育教学的要求转化为学生的自觉要求，把教育内容内化为学生的个人身心发展。该层次的主体从学校教育来说为学生。教师在该层次的实现作用有以下几点：

职责作用。教师的职责是多方面的，主要为：知识传授者、学生榜样、集体领导者、人际关系的艺术家、心理治疗工作者等。

教学作用。第五层次的实现，从一定意义上说就是关于教学的实现。教学的实现中教师的教学能力不可缺少，主要包括理解和运用教材的能力、语言表达的能力、观察了解学生的能力、组织管理调控教学活动的能力等。

以上教育目的实现过程应是完善的循环过程，而不是一味地推进，教师的作用只是其中的一部分。鉴于我国教育目的制定依据社会本位论占有很大比例，因此我们应看到教师在教育目的实现过程中的作用，使我国教育目的回归平衡，这样从长期来说有利于我国教育的发展。

第二章 教育功能

第一节 教育功能的含义

一、教育功能的含义

虽然很多学科都在探讨功能的内涵，但社会学对功能的研究和认识无疑更为执着。在社会学中，一般都是基于结构与功能的关系来思考功能的内涵。尤其是社会学中极其显赫的学术流派——结构功能主义，更是对此情有独钟并卓有建树。在他们看来，结构决定功能，有什么样的结构，就会产生相应的功能。一个事物在功能方面的状况，取决于该事物的内部结构及其外部结构（它与外部其他事物的联系）。

作为人类社会所独有的实践活动，教育由多种基本因素构成，如教育者、受教育者、教育内容和教育手段等，其间的相互作用和影响，构成了教育活动的内部结构。一般而言，在教育内部，通常是由教育者借助教育手段，用教育内容去影响受教育者，促成受教育者的身心变化。因此，对受教育者身心发展的作用就成为教育的基本功能。

作为社会的一个组成部分，教育与社会其他部分的联系以及它们之间错综复杂的关系则构成了社会的整体结构，这是决定教育与社会互动状况的外部结构。在整个社会系统中，教育通过对社会生产力、生产关系以及文化、人口等方面的多种影响，体现出自己的意义和价值。

简而言之，教育功能主要包括对受教育者的作用以及对社会发展的影响这两个基本方面。这也就是所谓的教育"个体功能"和"社会功能"。

二、教育功能的分类

根据不同的分类标准，可以从多个角度对教育功能进行类型区分。

（一）从教育作用的对象来看，教育功能有个体功能和社会功能之分

教育既是社会整体的重要而基本的组成部分，又是一个相对独立的体系。促进个体发展，进而影响社会进步，这是教育之所以产生并长期存在的基本依据。教育促进个体发展

的作用，即所谓的个体功能，它主要由师资水平、课程设置、内容选择、物资手段等内部要素来决定。就教育的功能来说，促进个体发展，培育人才，这是教育的本体功能；通过教育培养的人才积极去参与社会生活，进而影响和作用于社会发展，并形成相应的社会功能，则应该看作是教育本体功能派生出来的工具功能。

（二）就教育作用的方向而言，教育功能有正向功能与负向功能之别

对于教育在个体发展和社会进步中究竟起了什么作用，人们长期秉持积极而理想的观念。特别是以涂尔干、帕森斯为代表的功能主义社会学认为，教育只应当，也只会履行有利于社会生存与发展的积极功能。这一论点一度成为关于教育功能认识的主流取向。但显而易见的是，功能不应等同于职能。这正如社会学家默顿所说，"社会功能系指可见的客观结果，而不是主观意向（目标、动机、目的），若不能区分客观社会结果与主观意向，则必然导致功能分析上的混乱"。在教育实践中，教育经常会产生与教育愿望不相吻合甚至完全背离的作用或影响，负向功能的存在是无可置疑的事实。一般来说，所谓正向功能，指教育促进了个体发展和社会进步；而负向功能则指教育阻碍了个体发展和社会进步。

（三）按照教育作用的形式划分，教育功能有显性功能和隐性功能之异

社会学家默顿不仅谈到了社会功能的方向之别，而且分析了社会功能的显隐之异。他认为，教育功能也存在这种差异，有时候，教育在实际运行后出现的结果符合人们的教育期望或预期目标，即体现为显性的教育功能；反之，当教育结果出乎人们意料或预期时，则表现为隐性的教育功能。二者具有相对性，在一定条件下可以互相转化，其方向也有正向与负向的两面性。

三、教育功能的演变

自从教育产生以来，它就对个人与社会发挥着一定的影响，产生了相应的功能，人们也进行了相应的探索。在历史上，无论是教育功能的实践还是人们对教育功能的认识，都经历了一个漫长的演进过程。

从实践层面上看，教育的育人功能一直极为稳定，这是它在人类社会中安身立命的根本所在。而在它的社会功能中，文化功能虽然客观存在，却长期没有受到应有的关注，以至于政治功能成为万众瞩目的焦点。后来，特别是现代社会，教育为适应社会的需求，生发出日益强大的经济功能，并缓慢而有力地呈现出愈益自觉的人口功能。

从认识层面上看，人们在早期对教育功能的理解多有偏颇。出于主观方面的强烈需求，人们一直十分看重教育在政治方面的影响和作用，故教育的政治功能非常突出，其培育政治人才、实施社会教化和社会控制的职责被发挥得淋漓尽致。当然，在以知识分子为主的部分人那里，教育的文化功能也多有论及，但难以产生应有的影响。近现代以来，科学技术的威力显露无遗，人们对教育的生产作用又开始刮目相看，对于教育在发展生产、促进经济增长方面抱有极大的期望，以至于对所谓的经济功能推崇备至。不过，长期以来，人

们一直缺乏对隐性教育功能和负向教育功能的足够认识，实际上混淆了教育期望、教育目的与教育功能，这对教育实践的改进和完善产生了明显的阻碍作用。

第二节　教育的社会功能

　　教育的社会功能是指教育促进社会发展的作用，这涉及诸多方面，如文化、政治、经济、人口等领域。相对而言，教育的个体功能是本体功能，而社会功能是衍生功能。

一、教育的社会功能概述

　　教育与社会发展之间的关系，基本可以用"制约"与"促进"来描述，这突出地表明了二者间的对立统一。一般来说，社会决定着教育的性质和发展方向，并为教育的发展提供相应的条件；而教育，则通过提高个体素质、培养人才反作用于社会的文明和进步。从人类发展的历程来看，二者的互动已经成为社会文明运动史的普遍规律。迄今为止，教育的社会功能已变得纷繁复杂，但在历史上，教育的社会功能却是次第出现、逐渐发展起来的。

　　人口虽然是社会的生态基础，也是教育的重要条件，但在早期，教育与人口之间并没有产生多少有意识的联系。

　　倒是文化与教育存在着极为紧密的关系。教育的文化功能，也因此成为教育社会功能的基本成分，与人类教育共始终。从一开始，文化就作为教育的内容和手段而存在。即使在人类早期，教育还没有成为人们的自觉行为，很可能是一种没有多少意识的潜移默化，但语言、文字等文化要素已经广泛地参与了社会生产、生活经验的传递。可以说，一直以来，文化就是教育的基本内容，而教育也成为人类特有的文化传递形式、手段和工具。

　　学校的产生，本来就是基于社会治理的需要。自然地，古代社会的学校教育也就成了统治阶级的特权。它通过传授统治阶级的意识形态，培养新一代的统治者和社会秩序的维护者。同时，古代君王"化民成俗"的期求，"仁义礼乐"的推崇，几乎无不由"学"而成。长期以来，教育的政治功能可谓是最被注重、认识极深的社会功能。

　　古代社会极低的生产力，简单的劳动过程，注定了只需要体力和经验技能来进行社会生产，且经验的获得无法脱离具体的劳动过程，也就无须学校教育的参与。因此，生产不仅不需要教育的作用，反而带有排斥教育的倾向。近代以来，生产变得复杂而高级，劳动的技术含量显著增加，科学对生产具有前所未有的重要意义，教育终于与生产发生了极为紧密的联系，其经济功能方才日益凸显。

二、教育的主要社会功能

近代以来的社会,尤其是现代社会,由于发展内容更加丰富,教育功能也就日益综合,但教育与社会发展之间的互动却一如既往地频密,相互的依存不断加深。

（一）教育的文化功能

文化是个多学科探讨的复杂概念,其含义始终在不断深化。一般认为,英国人类学家爱德华·B.泰勒在《原始文化》中的定义较为规范和权威,他说:"文化是一个复合的整体,其中包括知识、信仰、艺术、道德、法律、风俗以及作为社会成员而获得的任何其他能力和习惯。"文化的构成相当繁杂,其类型也多种多样,一般可以做如下区分:其一,文化特质与文化模式。"文化特质"常常被作为考察文化的基本单位,一种文化特质可以是一种风俗,也可以是一种习惯,或是一种观念。一组相关的文化特质即构成"文化模式"。其二,主流文化与亚文化。任何文化往往都由主流文化（或核心文化）与若干亚文化（副文化或次文化）构成。主流文化是指在一定社会或地域中占据主导、统治或支配地位的文化;亚文化是指由特定社会群体发明、信奉和推行的独特的文化价值体系、思维模式和生活方式。其三,显性文化与隐性文化。显性文化是指寓于文学、事件和人的行为之中,通过查阅文献资料、身临其境的观察与聆听,能够直接描述出来的文化特质或文化式样;隐性文化是指隐含于人们的意识中,只能用抽象和推理的方式概括出来的某个群体或民族所共有的心理倾向或情绪反映方式。其四,物质文化、制度文化与精神文化。精神文化是文化的核心,内涵十分广泛,包括价值取向、思想观念、行为规范、伦理道德、宗教信仰、思维方式、审美情趣及知识系统等;制度文化和物质文化分别处于文化体系的中间层次和外部层次,可谓精神文化在社会组织制度和物质形态上的凝聚和体现。

教育与文化的关系十分复杂,它既是构成文化本体的有机成分,又与文化的传承、发展密不可分。特定社会的教育与文化长期共生共荣、相互依存、相互制约,并且在依存与制约中实现二者在更高水平或更新意义上的和谐一致。

1.文化对教育的作用

文化对教育的影响,可以大致分为两个层次:一是深入学校之中,成为教育活动内部的文化,并作为"学校亚文化"而影响教育活动;二是处于学校外部,以文化背景的方式影响教育活动。"学校亚文化"的构成极其复杂。这首先包括学校教育内容中最基本的成分,即课程里所包含的文化产品;其次,它包含着社会中人际关系的基本模式、个体社会行为的基本规范,并主要通过师生间的人际关系和学校对学生的行为要求予以体现;此外,它还包含着校园的环境文化以及学生的课外活动等。"学校亚文化"对学校教育的内容有着直接而显著的作用。

文化的发展状况不仅直接影响到教育内容的质量与结构,还影响着教育的方法、手段和组织形式。尤其是现代社会,科学技术的快速进步使人类的认识能力产生了飞跃,高新技术的广泛应用提高了人类传递文化的能力。随着文化传播途径的日益多样，教学方法的变革有了坚实的认识基础，教学手段及组织形式的灵活多样也具备了足够的技术前提。

更进一步地说，文化传递及传播方面的发展变化，深刻地影响着教师在教育中的地位和作用。在传统上，教师在教学中处于中心信息源的位置，行使着信息传递和教学控制的职能。文化传递与传播方面的变化，让人们有了更加多样的信息获取手段，曾经处于信息中心位置的教师而今风光不再了，其信息传递与教学控制职能都明显弱化了。

应该看到，文化渗透到学校教育内部产生的影响，最深层的仍然是对教育目的的作用。这种影响虽然比较隐蔽，却更深刻、更本质，也更为持久。可以说，每一个时代文化的内在气质，都在形成一代新人的过程中得以体现并不断发扬光大。

至于作为背景因素的文化，它们处于学校教育外部，对学校教育的影响虽然比较间接，但仍然极其多样：其一，文化的进步促成了人们更高的教育需求，有利于教育事业的发展和完善；其二，文化发展加强了学校与社会的联系；其三，学校师生深受文化中的生活方式、社会习俗、民族特性等因素的潜移默化，身心各方面的发展都被打上了相应的烙印。

2.教育对文化的影响

文化是人类的创造物，其形成过程也就是一个教育过程。文化一旦形成，就成为外在的客观存在。文化的表现形式多种多样，如物质文化、制度文化、精神文化等。其中：物质文化和制度文化可以借助于物质实体，以客体文化的方式保存，如服饰文化、建筑文化、典章制度文化等皆是如此；而精神文化主要表现为个体思想、思维方式、文化传统等主体要素，难以物化出来。教育对文化的保存和发展都有显著作用，从而构成了突出的文化功能。

其一，教育具有活化文化的功能。文化有主体文化与客体文化之别，主体文化是现实活跃形态的文化，而客体文化是存储形态的文化。通常来说，存储形态的文化依附于实物、符号、科学技术等载体，虽然可以在一定程度上保存下来，但比较"死"，徒具保存意义。而活跃形态的文化，不仅依附于物体、文字等载体，而且依附于个体。一旦它体现在人的身上，就不再是文物，而成为人的思想，由此，"死"的文物变成了"活"的文化。文化由存储形态向活跃形态的转化，就是文化的活化过程。正是教育，把文化从物质载体转移到个体身上，与人的思想、智慧、情感建立联系，实现文化的活化，使文化成为影响个体行为的现实力量。

其二，教育具有传递文化的功能。通常而言，文化传递，表现为文化在时间上的延续，是文化的纵向传承。教育过程实际上就是文化的传递过程。这往往包括了教师内化已有文化、教师外化并展示文化、学生接触并内化文化等环节，文化由此得以实现代际流动。

其三，教育具有传播文化的功能。文化传播，表现为文化在空间上的流动，是文化的横向扩展。教育可以形成文化共享性，强化人们的文化意愿，使文化传播具备必要的基础和动力。而且，与其他文化传播形式如文化交流、旅游、通商、战争等相比，通过教育进行的文化传播具有高选择性、强系统性、深层次性等优势，更有利于文化的生成。

其四，教育具有选择文化的功能。教育是文化传递与传播的手段、途径和工具，但并非文化传递与传播本身。因为教育具有选择性，它并不是对所有文化都进行传递与传播。选择文化，可谓是教育进行文化传递与传播的前提。一般来说，教育选择文化的标准有二：一是按照统治者的需要选择所谓的主流文化；二是按照学生的需求选择系统、科学、基本的文化。经过教育的选择，文化本身得以更好地传递与传播，并顺利地发展和变迁，而且帮助个体增进文化判断及选择能力，获得身心进步。

其五，教育可以促进文化的交融。文化最初总具有一定的地域性，它往往是一定时期内特定地域的人们在思想、行为方面的共同方式。文化的地域性注定了不同文化相互交融的必要性，而社会在交通、通信方面的便利条件又为文化交融提供了可能性。教育可以促进文化的交融：一方面，教育中存在着广泛的交流活动，如互派留学生、教师互访、学术协作等，可以促进不同文化间的相互影响、相互吸收；另一方面，在教育过程中，通过对不同文化的学习、对文化的选择与整合，不断形成新的文化，促进文化发展，实现文化融合。

其六，教育可以创造并发展文化。没有文化的更新与创造，就没有文化的发展。教育能够促进文化的创新，它通过对文化进行选择与交融，弃粗取精、去伪存真，为适应社会需求，不断构建起新的文化特质，这已经是文化的更新了。更重要的还在于，教育通过直接和间接两种途径创造新的文化。其中，直接途径是教育生产新的文化，如新作品、新思想、新科学技术等。间接途径就是培养创造型人才，这是最根本的途径。教育通过传授人类文化的精华，培育人的个性和创造力，这种创造型人才被输送到各行各业，在各自的岗位上直接从事文化创造活动，教育就成为一个事实上的文化创造源，实现文化创造的"辐射"与"裂变"。

（二）教育的政治功能

政治是经济的集中表现，其实质是集中反映统治阶级的利益。教育作为国家的基本制度，直接受到政治的制约，形成了所谓的"政治"属性。在不同的社会和政治背景下，教育的政治属性各不相同，教育与政治的关系也因时而异。从历史上看，教育与政治的关系经历了两大基本阶段：从"教育完全从属于政治"到"教育相对独立于政治"。在古代社会，教育在很大程度上融合于政治之中，教育活动完全从属于政治事务，这在中西社会都是如此。当时的统治阶级都实行专制的极权统治，并以教化作为暴力统治的辅助手段，教育成为政治的附庸。近代以来，教育与政治的关系发生了极大的变化。一方面，资本主义社会逐渐形成，封建专制和特权阶级被否定，"民主、自由、平等"成为资产阶级民主政治的基本精神，教育摆脱了专制统治的奴役；另一方面，近代教育思想的先驱，极力主张"教育自由化""教育中立化""教育世俗化""学校与宗教分离"等思想，这为教育摆脱政治的控制提供了思想切入点；更直接的是，近代学校系统的成形，促成了教育组织正规化、教育活动制度化，教育已经成为社会分工中的独立部门，教育活动明显与政治活动区别开来，教育人员与政治人员的分工愈益明确，二者的关系增添了新的意涵。

1. 政治对教育的作用

政治与教育的关系很错综复杂。政治对教育不仅有直接的制约作用，而且这种制约作用还涉及教育的方方面面：从教育的领导权到个体的受教育权，从基本的教育目的到各级各类学校的具体办学目标，从教育事业的发展规模到发展速度，从国家教育制度到学校管理制度，以及教育经费、教育内容、教育方法，诸如此类，不一而足。可以说，从学校教育到非学校教育，无不反映出政治对教育的作用。这主要表现在以下几个方面：

其一，政治通过一定的组织手段控制教育。政府、执政党往往从组织上对教育机构进行领导。组织控制还体现在对教育者的培养和委任方面。从基本的层面上说，教育行政人员、教师往往是政府、支配阶级、执政党派在教育领域的代言人和具体执行者。

其二，政治通过政府、政党制定一系列方针、政策来作用于教育。这既包括国家总的方针、政策，也包括教育方面的方针、政策，以及与教育有关的其他领域的方针、政策。其中最重要而基本的是教育方面的方针、政策，它是某一历史时期国家或政党的总任务、总方针、总政策在教育领域的具体表现。

其三，政治通过法律来规范协调教育的发展。法律的规范性和强制性能起到方针、政策所不能发挥的作用。近代社会以来，尤其是当代社会，世界各国普遍重视教育立法，非常注重采用法律手段来保证教育的发展，协调各方面的力量。

其四，政治影响教育还有一个很常用的手段，就是直接对受教育者进行思想政治教育，以塑造或改变他们的政治立场、思想观念及处世态度，形成社会所需要的公民意识和行为。

2. 教育对政治的影响

从历史上看，无论是教育完全依附于政治之时，还是教育相对独立于政治之后，始终存在着特权与反特权、专制与反专制、人身依附与人身自由的对立与冲突，其实质是民主问题。这反映在教育领域，就体现为政治民主化与教育民主化的相互演进与发展。随着资产阶级民主政治的逐渐形成，政治上的民主权利开始扩展并延伸到教育领域，从此，教育成为公民的基本权利之一。可以说，正是在资产阶级民主运动不断深入的影响之下，教育民主化才逐步孕育并日渐高涨。

尽管教育从根本上受制于政治，但教育对政治也具有强大的反作用。这种反作用表现在社会层面，就是教育对社会政治延续与发展的影响；表现在个体层面，就是教育对个体政治社会化的作用。一般而言，这种影响具体表现为：第一，教育对实现社会政治目标有重大作用。它可以帮助广大社会成员内化社会政治目标，激发政治热情，培养政治行为能力，通过塑造儿童和改造成人来影响社会政治目标的实现。第二，教育维持并发展一定的社会政治关系。教育通过知识传授和人才培育，可以"合理化"并巩固现行政治关系格局，促进社会成员认可并服从现行社会秩序；同时，它还通过适应社会职业结构的变化，保证社会政治阶层的重组，并有针对性地赋予某些阶级以文化资本，促成其政治地位的真正提升，从而发展相应的政治关系。第三，教育有助于推进社会政治生活。教育可以促进政治管理科学化，还可以促进政治参与大众化，特别是对社会成员的政治社会化有着独特作用。

在现代社会，教育对政治的作用突出地体现为促进政治民主化。教育促进政治民主化方面的作用，主要表现在三个方面：其一，教育传播科学，启迪民主观念。在现代社会，教育可以传播科学真理，启迪思想意识，提高民主观念，鞭策愚昧落后，成为社会变革的内在动力。其二，教育民主化本身就是政治民主化的重要组成部分。教育民主化主要表现为教育权的平等和教育机会的均等。教育平等作为一种实践运动，既是政治民主化的重要标志，也是推进政治变革的重要力量。其三，民主的教育是政治民主化的加速器。民主的教育不仅可以提高国民的政治素养，提高他们参与政治的热情和能力，而且会影响个体的心灵，增强其民主意识，强化政治民主。

（三）教育的经济功能

教育作为一种社会现象，从产生开始就同人类谋取物质资料的劳动过程联系在一起，和人们的经济活动不可分割。随着社会的发展，人们的物质生活水平不断提高，教育与经济的关系也日益复杂。一方面，经济发展为教育进步提供的物质条件愈益雄厚，教育需求更加强烈；另一方面，教育对经济发展的影响也日益显著。

1. 经济对教育的决定作用

经济是人类社会生存和发展的基础，是引起一切人类社会生活发展变化的决定因素，当然也是影响教育发展变革的决定因素。一定的经济发展水平为教育的发展提供了经济条件，也对教育的发展提出了一定的客观要求。

其一，经济发展是教育发展的物质基础。首先，经济发展为教育提供了物质保障。在任何情况下，举办教育总需要一定的投入，包括一定的人力、物力和财力，这需要一定的经济水平做保证。通常来说，经济发展到什么水平，教育才能发展到什么水平，如果离开经济的发展而盲目发展教育，必然会陷入误区，导致社会发展的失调甚至停滞或倒退。其次，经济发展也为教育的发展提出了相应的要求。经济水平的提高，经济力量的增长，生活条件的改善，不仅要求教育为社会经济的进一步发展提供人力资源的保障，而且会极大地激发人们强烈的教育需求，要求接受更多、更好教育的愿望不断高涨。这将是教育发展的强大动力。

其二，经济发展水平决定着教育发展的规模和速度。社会经济和生产力发展的规模和速度决定着教育培养劳动力的数量、规格和类型，制约着教育的普及程度。一般而言，一个国家经济的发展水平，总与该国的文盲率、入学率、义务教育普及的年限以及高等教育普及的程度直接相关。从世界教育变化的历程来看，在不同的经济发展水平上，教育发展走过了扫除文盲、普及初等教育到普及中等教育，最后实现高等教育的大众化、普及化等发展阶段。

其三，经济发展水平及结构制约着教育结构的变化。经济发展必定引起产业结构、行业结构、技术结构、消费结构和分配结构的变革。与此相适应，教育结构必定做出相应的调整，诸如大、中、小学的比例关系，普通教育与职业教育、全日制学校与业余学校的比例关系，高等教育中不同层次、不同科类之间的比例关系等等，都理当与一定的经济水平及经济结构保持协调，否则会导致教育的短缺或浪费，最终促成经济对教育的强行调整。

其四，经济发展水平制约着教育的内容和手段。从中外教育发展的历史可以看出，学校所传授的知识总要反映所处历史阶段经济发展和科技发展的水平，才能满足经济发展的需要，适应生产力发展的要求。实际上，随着经济的发展和科技的进步，学校的课程门类总在不断增减，课程结构不断调整，教学内容也因此不断更新。与此同时，学校的物资设备、教学实验仪器等都是一定的生产工具和科学技术在教育领域的应用，这是经济发展水平的体现。实践证明，将新的科技成就应用于教育领域，使教育手段基于现代科学技术的坚实基础，必将极大地提升教育手段现代化的水平。

其五，经济体制决定着教育体制。经济体制是国家组织管理经济的方式、方法和制度的总称，教育体制则是国家管理教育的方式、方法和制度的总称。教育必须满足经济的需要，其目标、内容、方式都以经济需求为转移，因此经济体制的状况最终决定着教育体制的基本模式。我国曾经长期实行计划经济体制，其结果必定导致高度集中统一的教育体制。当前，我国正在建立健全社会主义市场经济体制，教育体制也已经发生了变化，正在逐步形成包括多元化的办学体制、多渠道的投资体制、权利与义务比较平衡的管理体制、以自主招生和双向选择为主要特征的招生就业体制等在内的与社会主义市场经济体制相适应的教育新体制。

2.教育对经济的有力影响

教育是社会经济生活中的重要因素，虽然教育发展状况为一定社会的经济发展状况所制约，但教育反过来也对经济产生十分显著的作用。教育对经济的作用主要有两种实现途径：一是再生产劳动力；二是生产与再生产科学技术。

第一，教育再生产劳动力。劳动力的数量和质量是经济发展的重要条件，而劳动力的生产则主要依赖于教育的训练。在古代社会，当学校教育与生产劳动隔绝之时，简单劳动力的形成并不需要学校教育的参与，但一般的教育与训练仍然必不可少；即使在这时，专门的管理人员的培养仍然是学校教育的职能和使命。在现代社会，不管是社会管理，还是生产过程，都对个体素质有着更高的要求。仅以生产而论，技术改造、设备更新需要科技人员在生产领域运用科技成果，丰富资源、先进工具需要高素养的劳动者以发挥其作用，而高水平的生产效率和更快的经济进展也需要优秀的管理者进行优质的管理活动才能获得。可以说，无论是劳动者基本劳动素养的优劣，还是科技人员科技水平的高下，抑或是管理人员经营管理能力的强弱，都在很大程度上取决于他们受教育的程度和质量。通常来说，教育再生产劳动力有两种类型：其一，教育培养人的劳动能力，使个体潜在的生产能力现实化。个体的劳动能力不是与生俱来的，当个体还没有长大成人并掌握必要的生产知识和劳动技能时，他还只能被看成一个潜在的劳动力；一旦他逐渐长大并掌握了生产知识和劳动技能，具备了劳动能力并参加了生产劳动以后，才成为一个现实的劳动力。在这个过程中，无论是成长中的身体发展，还是基于知识掌握的心智启迪，教育都至关重要。其二，教育提升个体素养直至专门、发达的水准，促进简单的劳动力复杂化。马克思不仅将劳动区分为复杂劳动和简单劳动，认为复杂劳动的价值多倍于简单劳动，而且特别强调："要改变一般人的本性，使它获得一定劳动部门的技能和技巧，成为发达的和专门的劳动力，就要有一定的教育和训练。"在理想的教育下，劳动力可以得到全面发展，能够熟悉整个生产系统，从而根据社会的需要或自己的爱好，轮流从一个生产部门转到另一个生产部门，避免社会分工造成的片面性。现代教育通过提高人的素养，形成专门的劳动力，对经济发展甚至起着决定作用。教育经济学家认为，有技能的人的资源是一切资源中最为重要的资源，人力资本收益大于物力资本投资的收益。因此，教育作为经济发展的源泉，其作用远远超过建筑设施、库存物资、机器设备等物力资本。

第二，教育再生产科学技术。科学技术已经被视为第一生产力，具有极高的社会价值和经济价值。教育通过传递和积累科学技术成为再生产科学技术的基本手段和途径，可谓是第一生产力的基础。在人类历史上，任何科学技术都不仅是一定历史时期的产物，同时更是人类社会整个历史发展过程的结晶，是人类文明积累、继承和创造的结果。在人类社会发展进程中，科学技术的继承和积累都是通过教育来实现的。教育对已有的科学技术进行加工，使之成为简约化的科学技术知识和科学方法手段，为新一代人所掌握和继承。由此，科学技术得以世代相传、广泛扩展，并奠定新的科学发明和技术创新的坚实基础。更为重要的是，通过学校所进行的科学技术再生产是一种扩大的再生产和高效率的再生产，有效的教育组织形式和方法手段大大缩短了再生产科学技术所必需的劳动时间，教育又使原来为少数人所掌握的科学技术被更多的人认识和了解，从而扩展了传播的范围，形成高效的扩大再生产。

第三，教育直接生产科学技术。学校教育，尤其是高等教育，通过创造和发明直接生产新的科学技术。开展科学研究、创造科技成果，已经成为现代高等教育的重要职能。高等学校科研力量比较集中、学科门类较为齐全、后备力量十分充足、学术思想相当活跃、信息来源极为丰富，是科学研究的重要力量。早在18世纪德国柏林大学创办之时，教育家洪堡就率先提出了"科学研究和教学相统一"的办学原则，促使高校成为科学研究的生力军。此后，世界各国就把教学与科研的结合作为举办高等教育的基本方针，高校也在创造、发明和开拓新的科学技术领域、生产新的科学技术方面做出不可替代的巨大贡献。

（四）教育的人口功能

人口是社会的生态基础，是连接个体与社会的桥梁。一般来说，人口指的是生活在一定社会、一定地域，具有一定数量、质量和结构的人的总体。教育与人口之间一直存在着一定的联系，早在古代社会，人们已经认识到"人口是教育的基础"，如孔子所谈到的社会发展观，就以人口的增长作为教育的前提。到近代社会以后，人口与教育间的关系更加复杂多变，互动极为频繁。

1 人口对教育的影响

社会现存的人口状况与人口发展的趋势，对教育事业的规模、速度、结构、形式以及目标、内容都有相应的制约作用。

其一，人口数量影响教育的规模及教育投入。人口增长率高，其总量越大，学龄人口就越多，接受教育的需求就日益旺盛，这就对教育规模提出了很高的要求。同时，人口基数的大小，意味着社会抚育成本的高低。当一个社会人口过多时，庞大的人口数量必定会占用或消耗大量的社会资源，从而制约教育投入的更快增长；大量人口所带来的众多学龄人口，会使非常有限的教育投入被极度地摊薄，导致人均教育经费和生均教育经费的严重不足。

其二，人口质量影响教育质量。人口质量主要指人口的身体素质、文化修养和道德水平。人口质量的高低，直接影响到对个体的早期教育、教育期望和情感陶冶。一般认为，早期教育对个体成长十分重要和关键，而这个重担主要是由父母来承担。可以说，个体能否受到观念先进、目标得当、内容科学、方法合理的早期教育，在很大程度上取决于父母的素养，尤其是其科学文化素养。同时，不同文化水平的父母，往往对子女抱有不同的教育期望，这对其子女能否接受更高程度的教育有着至关重要的影响。此外，父母教育程度的差异，会影响他们对儿童学习的帮助，特别是在形塑儿童的性格、志趣、情绪、意志、价值观、人生态度等方面，不同素养的父母带来的影响很可能会大相径庭。

其三，人口结构影响教育结构。人口结构有自然结构、地域结构和社会结构之分。人口的自然结构包括年龄、性别等方面的特征，年龄状况的变化对教育的纵向结构会提出不同的要求，迫使教育的战略重点、战略目标发生相应的转移，教育常常措手不及、应接不暇；性别状况则对教育的均衡性以及早期教育的质量产生深刻作用。人口的地域结构是教育结构形成的基础，设立学校的基本依据之一就是学龄人口的数量。通常来说，人口的居住密度和分布方式会影响到学校尤其是中小学的布局安排，进而直接关系着教育资源的使用效率。人口的社会结构包括职业结构、阶级结构等，尤以职业结构对教育的影响最突出。职业结构对教育的作用体现在个体受教育年限的伸缩、学校结构的调整、专业结构的转变等方面。

2.教育对人口状况的强大作用

人口发展离不开教育的突出作用。可以说，今日的教育直接影响到明天的人口数量、质量和结构，这种影响具有实质性甚至是决定性意义。

第一，教育是控制人口数量的重要途径。在一个社会中，国民受教育程度的高低，往往与人口出生率的高低成反比。研究表明，这种状况的出现，主要原因在于教育事业的发展刺激了家庭对教育的需求，而教育需求的提高又增加了子女的抚育费用，这就遏制了人们的多子女意愿。当然，教育程度的提高，也极大地改变着传统的"多子多福"生育观以及"儿孙满堂"家庭观，增进精神追求并提升生活质量，潜心职场拼搏，强化节育意愿。

第二，教育是提高人口质量的基本手段。教育在提升人口质量方面的作用首先表现为对年轻一代的培养。儿童、青少年时期是人口质量的奠基时期，教育可以促成个体德、智、体全面发展，形成符合社会需求的一代新人。这不仅能有效提升当代人口的质量，而且会连续影响今后数代的人口质量水平。教育提高人口质量的作用还表现在对成年人的教育上。通过教育，不仅使当代成年人掌握新的知识技能，适应社会发展需求，而且提高认识，转变观念，形成有利于其后代发展的优越条件。

第三，教育促进人口的机械变动。所谓人口的机械变动，指人口的空间位移等横向流动，也就是人口迁移。理论研究与实践调查都表明，接受较多的教育，往往能引起更多、更频繁、更遥远的人口迁移。其主要原因在于，教育程度高的人口，有着比较全面、广泛的知识和技能，变换职业的意愿和能力更强，更能适应职业流动的要求，也就更愿意迁移并能更容易实现迁移。统计甚至表明教育程度的高低与迁移距离的长短成正比。

第四，教育影响人口的社会变动。所谓人口的社会变动，指人口在教育构成、职业构成等方面的变动。人口的教育构成状况，本身就是教育过程运行的结果，其受教育的作用可谓直接而显著。对于人口的职业构成，教育也有重要影响。一般而言，在排除社会背景、家庭出身、人生机遇等因素的影响后，教育程度往往决定了大多数人的职业角色。教育不仅可以通过影响职业地位来改变人口的职业构成，而且可以调节职业人员的比例构成，从而影响人口的职业构成。

教育的人口功能对当代我国具有特别的意义。我国人口基数太大、质量较低、负担沉重，同时又正由成年型国家向老年型国家快速演进，劳动力优势逐渐丧失。对此，教育既有所担当、责无旁贷、义不容辞，又能有所作为，在破解人口困局中卓有建树。

三、教育对社会发展的负向功能

教育在理论上应该促进社会的进步，与社会其他部分良性互动。但实际上，这很可能只是人们的一厢情愿。早就有学者指出："教育这个改造社会的有力工具，如果只用于保守固有文化，固足阻碍社会的进步，如果不顾当前事实的需要，硬用这个工具灌输不能实现的幻想，也足以增加社会的混乱。"这里的教育，就是病态的教育，对社会发展起着阻碍作用，体现的是负向功能。

教育的负向功能，使教育活动或教育系统出现偏移或失调，衍生多种偏离行为，产生人们意料之外的不良影响。它有时是整体性的，有时又是局部性的，这主要取决于社会的性质。一般来说：当社会本身就处于负向状态时，教育也很难独善其身，总体上发挥的是负功能；当社会本身处于正向发展时，由于教育与其他社会系统关系的失调，从而出现局部的负向功能。

其一，社会发展处于负向时，教育对社会的影响表现为总体性的负向功能。

发展始终是一个矢量，具有方向性。社会发展的方向是通过组成社会的个体发展状况来表现的。凡是在现有基础上沿着使人得到更大的解放的方向变化的，称为社会正向的发展；凡是在现有基础上沿着阻碍乃至降低人的解放程度的方向变化的，称为社会的负向发展。一个社会处于正向发展时，往往比较重视个体独立人格的自由发展，教育就起着培育个体主体性进而促进社会正向发展之功效。当社会处于倒退状态时，个体的思想被钳制和禁锢，教育沦为黑暗势力的奴仆和同谋，带给人类极大的灾难。如欧洲中世纪的教育就是黑暗统治的帮凶，加剧和延长了中世纪的黑暗。我国封建宗法制的长盛难衰，也同封建教育的冥顽不化紧密相关。

其二，社会发展处于正向时，教育对社会的影响也可能表现为局部性的负向功能。

前已述及，教育受社会制约，必须与社会发展相适应，这是教育生存的前提，也是衡量教育与社会关系是否协调的准绳。违背这一精神，教育的负向功能就难以避免。在许多社会中，不时出现教育成果与社会需求的矛盾，既造成教育资源的浪费，又酿成社会问题，危及社会安宁。

教育是极为复杂的活动，也是一个开放的系统，其负向功能的出现难以完全避免。这就需要我们正确认识并严格遵循教育规律，科学合理地组织教育活动，努力协调教育与社会的关系，尽可能地减少教育的负向功能，增强正向功能，使教育为人类社会更美好的未来做出更大的贡献。

第三节 教育的个体功能

探讨教育的功能，一般首先以教育作用的对象为分析维度，将它区分为教育的个体功能和社会功能。其中，教育通过对人的发展所起的作用而表现出来的个体功能最为重要而基本。

一、个体发展的基本状况

个体在初生的时候，十分孱弱，但潜力巨大。正如弗洛姆所说，"人是所有生物中最无能的，但这种生物学意义上的脆弱性，正是人之力量的基础，也是人所独有的特性发展的基本原则"。

（一）个体发展的内涵和特性

个体发展通常指人类个体从初生到成人身心有规律的变化过程，包括身体发展和心理发展两个方面。其中：身体发展包括机体的发育和机能的增长；心理发展包括知识的掌握、智力的开发和意向的变化，实际上包括心理过程和个性心理等方面。身心发展相互影响、密不可分。

在教育学的视野中，个体发展不仅内涵丰富，而且特色鲜明。个体发展区别于其他生命体的主要特征包括：个体发展的顺序性、阶段性、非均衡性、稳定性与可变性、个别差异性、历史性与社会性、现实性与潜在性等。

（二）影响个体发展的因素

个体从初生时以生物性为主的"生物人"到成为社会合格成员的"社会人"，有多种因素参与其间，教育是极为重要的因素之一，对个体发展有着广泛而深刻的影响。教育的这种影响，既融于影响个体发展的诸因素中，又特别突出和独到。所谓教育的个体功能，指的是教育对受教育者个体身心发展所起的作用。

一般认为，影响个体发展的基本因素有三：一是以遗传素质为主的生物因素（包含遗传素质和先天性的非遗传生理特点）；二是环境条件；三是个体的主观能动性。

生物因素是个体发展的前提和基础。一方面，它为个体发展提供相应的可能性，制约个体发展的进程和速度，为个体差异奠定坚实基础。另一方面，它对个体发展的影响又是有限的：其对个体发展的作用存在着递减趋势，它所提供的可能性还需要环境条件等因素的参与才能转化为现实性，环境条件等因素的作用才是形成个体差异的主要原因。因此，生物因素既十分重要，又不能单独决定个体的发展。

环境条件是个体发展的重要因素。不管是自然环境还是社会环境，不管是生活小环境还是时代大环境，都对个体发展起着日益显著的作用。如果把教育看成一个特殊环境的话，那么环境甚至可以在一定程度上决定个体的发展。我国古人已经相当了解并十分看重环境的作用，诸如"孟母三迁"的故事以及荀子"居必择乡，游必就士"的见解，都在于强调环境影响的重要性。

主观能动性是指个体的主观意识、主观态度和主体活动对客观世界能动的积极作用。它包括个体在实践中能动地认识世界和改造世界，并在这一过程中使自身得到发展和提高。对于个体发展而言，生物因素、环境条件所发挥的影响总是处于不断的变化之中，这当然是因为生物因素和环境条件本身的动态性，但更主要的原因还在于个体主观条件的变化对前述影响的作用。由于个体在人生道路上的需求水平、实践活动能力等不断变动，故其发展水平、独立性、自主性等状况极大地左右着生物因素和环境条件的作用发挥程度。一般来说，随着个体年龄的不断变化，他在客观世界中获得的认识和经验逐渐上升，社会活动的独立性、自主性显著增强，这时的生物因素、环境条件的影响，往往被加以过滤和筛选，出现明显的倾向性选择。对于主观能动性强的个体来说，可谓"顺境逆境皆成英雄"；对于主观能动性弱的个体而言，不仅会"死于安乐"，而且会更快、更彻底地沉沦于"忧患"之中。

二、促进个体发展是教育个体功能的基本内容

教育作为一种有目的、有计划、有系统的影响，对个体发展具有独特的作用。严格来说，我们很难把教育看成是与生物因素、环境条件、主观能动性并列的影响个体发展的基本条件，也不能仅仅将它视为包含于环境中的一个因素。事实上，它已经成为上述诸多方面因素的综合物，因而对个体发展具有特殊的作用。

（一）教育影响个体的社会化

个体社会化是个体学习所在社会的生活方式，将社会所期望的价值观、行为规范内化，获得社会生活必需的知识、技能，以适应社会需要的过程。这是一个持续终身的过程。影响个体社会化的因素很多，如家庭、同伴群体、大众传媒、职业组织、社区等。教育可谓是个体成长时期主要的社会化因素。

教育对个体社会化的作用主要体现在以下方面：

第一，促进个体思想意识的社会化。个体的思想意识在本质上是社会价值规范在个体头脑中的反映。教育代表一定社会的要求，传播社会中的主流文化和价值观念。个体在接受教育影响的过程中，容易形成与社会主流文化和价值观念相对一致的思想意识，从而会自觉认可并积极维持现行制度及社会秩序。

第二，促进个体行为的社会化。教育可以通过传递社会规范，使个体认识社会规范的意义和内容，知所行止，以此规范个体行为，避免偏离社会轨道。值得注意的是，教育还同时对个体生活进行必要的指导，帮助个体获得社会生活所必需的知识技能，以使其更好地处理人际关系、调适冲突、学会生活。

第三，培养个体的职业意识和角色。个体总要以一定的职业作为立足社会的基础，故促进个体的职业化就成为教育的基本使命之一。通过教育，应该使个体能够根据自己的兴趣、爱好、能力，结合社会的需求，确定自己的发展方向，逐步实现个人的职业理想，从而在科学的职业指导、职业定向基础上，塑造职业角色，形成职业技能，完成个体的职业化。

（二）教育影响个体的个性化

人总是各不相同、极具个性的，个性是个性化的结果，是个体在实践活动中形成的独特性。个性化的核心是个体在社会实践活动中促进自主性、独特性、创造性的形成。

教育对个性化的影响主要表现为：

其一，促进主体意识的形成和主体能力的发展。主体意识包括自我意识和对象意识，主体能力是主体认识和改造外部世界的能力。由于人在生物学意义上的软弱无能，个体必须通过接受教育，以获得相应的知识、能力，才能成为认识和实践的主体，达到变革客观世界的目的。

其二，促进个体差异的发展，形成独特性。虽然遗传素质已经蕴含着一定的个体差异，如气质类型、智能优势等方面的不同，但后天的环境因素，尤其是教育影响，对个体差异有着更为显著的作用。教育可以根据个体的不同心理特征，选择最恰当的发展路径，充分开发个体的内在潜力，形成各自的优势区域和独特性。

其三，促进个体创造性的开发并实现个体价值。创造性是个性的核心品质，是个性的自主性、独特性的综合体现。在创造活动中，个体表现出的创造性不仅是个体独特的自我意识的体现，也具有强烈的社会性，必须符合社会价值的需求。可以说，对于个体自我性与社会性的有机联系与结合而言，教育这种活动是不可或缺并极为重要的。

三、帮助个体生存和享用是教育个体功能的重要表现

在促进个体获得必要的发展这一过程中，教育同时也帮助个体获得谋生功能和享用功能。

（一）着眼于社会需求，教育发展个体的谋生技能

个体发展是一个十分复杂的过程。通过发展，个体不仅在身心各个方面变得更加和谐完善，而且获得了更为可靠的谋生本领。古代社会的教育在个体谋生方面的影响还不够全面和彻底，毕竟有相当数量的人可以在生产实践中以师徒相授的方式习得谋生技能。但在近现代社会，社会要求日益提高，劳动技能趋于复杂，通过教育来获取谋生技能几乎是唯一途径。马克思对此有精辟论述，"要改变一般的人的本性，使他获得一定劳动部门的技能和技巧，成为发达的和专门的劳动力，就要有一定的教育和训练。"

在对个体进行谋生训练时，教育通过促进个体社会化，将社会文化和行为规范进行代际传递，帮助个体逐渐了解和把握他们的未来角色，形成相应的社会意识，从而得以尽快适应社会新环境。同时，教育授予个体"何以为生"的本领，即着眼于社会生产和社会生活对个体知识技能的要求，把潜在的人力资源开掘出来，促成个体"成材"，获得营谋社会生活的能力。

（二）着眼于个人幸福，教育增进个体的享用功能

教育的个体享用功能，意即教育的作用不仅为了外在的社会要求，而是已成为个体的生活需要。通过接受教育，个体满足自身需求，获得自由和幸福等精神享受。前已述及，个体从父母那里获得的遗传素质等生物条件仅仅是"成人"的物质基础，而要真正"成人"，还必须经历"第二次生成"，懂得并讲求"为人之道"，在自觉做人中逐渐生成为人。教育的重要意义，正在于教给个体"为人之道"，以满足个体的基本需要。无论是广义教育还是学校教育，都着意于此。通常而言，个体接受教育越多，对客观外界越有深刻认识，越能遵循客观规律，体现自由意志。如孔子所言，"从心所欲而不逾矩"。具体来说，教育通过各种活动，教人"求真""向善""粹美"，陶冶性情，全面发展，造就自由人格，享受幸福生活。

通过教育过程，个体获得以知识为基础的教育成果，这不仅是个体生产能力的提升，意味着个体谋生手段更为丰富和可靠，而且促进个体身心和谐发展，造就完善自由人格，增进个体幸福生活。以此而论，教育的谋生功能和享用功能乃是个体发展功能的必然延伸。

四、异化的教育会阻碍个体的良性发展

教育促进个体发展以及帮助个体谋生和享用，固然是教育个体功能的具体体现。但是，这只是正常的教育甚至是完善的教育才能实现的功能。异化的教育则只能阻碍个体的良性

发展。即"教育既有培养创造精神的力量，也有压抑创造精神的力量"。在当今的中国教育中，这种异化表现在很多方面：

其一，片面追求升学率，严重压抑和损伤个性。为了追求升学率，基础教育成为应试教育，多数学生成为教育的弃儿，智育之外的其他各育几乎被放弃，学生被封闭在狭窄的生活空间里。如此教育，学生一味苦读，没有自由时间，失去青春乐趣，厌恶学习，恐惧考试，个性荡然无存。

其二，课业负担过重，学生不堪重负。中小学普遍存在加重学生课业负担的现象，诸如不断加大习题量，大量使用各种辅导材料，不断增加课时，延长授课时间等屡禁不止。再加上家长的推波助澜，学生不堪重负。调查研究表明，过重的课业负担，已经使中小学生成为社会上负担最重的人，严重影响他们德、智、体诸方面的全面发展。

其三，应试教育造成了教育的荒废。应试教育应付了考试，却忽略了全面素养的提升；重视了考试内容，却排斥了道德、情操、美育等的内涵。教育严重不良，偏颇日益突出，弊害显著滋生。

其四，过于规范、标准化的教学和考试，严重束缚个体的想象力和创造性，正成为扼杀创新精神的最大杀手。学生能够很好地回答问题，自己却提不出有质量的问题，以致被认为只有"句号"，没有"问号"。

其五，僵化的教育管理模式，强调学生顺服，妨害主体性的成长及创造性的培育。无论是学校管理，还是班级管理，都过于强调刚性规范，重视权威，令行禁止，甚至以体罚或变相体罚来强求学生顺服，而不问学生是否心悦诚服。如此教育之下，学生可以循规蹈矩，但压抑了生命的活力，限制了主体性的发展，也阻碍了创造性的生成。

第三章 教学组织与实施

第一节 教学组织形式

教学组织形式是教学活动中师生相互作用的结构形式,它随着社会历史的发展不断变化。从总体上看,教学组织形式的发展是以从古代的个别教学到近代的班级授课制为主线的,并在此基础上呈多样化的趋势。近几年来,教学组织形式研究的问题领域变得更为广泛,拓展了教学组织形式的内涵。

一、教学组织形式概述

(一)教学组织形式的概念

教学活动是师生双方在一定的时间和空间内进行的,所以,教师在设计和组织教学活动时,必须考虑到时间因素和空间因素,把握好空间形态和时间流程,以便取得优质、高效的教学效果。

在英美等国的教育或教学理论著作中,较难看到与"教学组织形式"相应的概念或提法,他们对教学组织形式的研究更多的是针对某些具体的类型,如分组教学、小队教学等等。苏联的许多教育学者在他们的著作中则对教学组织形式有明确的界定。斯卡特金认为:"教学组织形式就是由既定的作息制度和规章制度规定的师生之间的相互作用。"休金娜认为:"教学组织形式是教学过程的极重要的组成部分。教学组织形式中体现着对学生的学习活动进行严密的、按时间的组织,它与教师的活动是相互联系的。这种活动可以是全班教学、小组教学,也可以是群众性的教学。"索罗金认为:"教学组织形式是教师和学生按规定的秩序和一定制度而实现的协调的活动的外部表现。教学组织形式具有社会制约性。它们规定教师和学生的共同活动,确定个别教学和集体教学的相互关系,决定学生在认识活动中的积极程度和教师给予指导的程度。"

我国教育学界对教学组织形式也有不同的解释。鲁洁等人认为:"教学组织形式就是关于教学活动应怎样组织,教学的时间和空间怎样有效地加以控制和利用的问题。"李秉德等人认为:"教学组织形式就是教学活动中师生相互作用的结构形式,或者说,是师生的共同活动在人员、程序、时空关系上的组织形式。"黄甫全等人认为:"教学组织形式为实现一定的教学目标,围绕一定的教育内容或学习经验,在一定时空环境中,通过一定的媒介,教师与学生之间相互作用的方式、结构与程序。"

由此可见,国内外教学理论界并未形成大家都认同的教学组织形式的概念。但是,它基本上包括三个方面的含义:第一,它决定教师和学生都必须在特定情境中活动,学生在这一情境中完成教师给定的特定任务;第二,师生在这一活动过程中都必须按照一定的时间和空间的组合形式进行活动,师生之间相互配合、相互作用;第三,它在教学理论与教学实践的相互作用中体现出综合、集结和落脚点的特性。

(二)教学组织形式的作用

第一,教学组织形式是教学任务和教学内容得以实现的基本保证。王策三教授指出,"教学组织形式在教学理论和实践中,处于真正具体落脚点的地位,带有综合、集结的性质。"从古到今,从未存在过没有组织形式的教学,无论要实现什么样的教学任务,传授何种教学内容,都要以一定的教学组织形式来实现。

第二,教学组织形式直接影响教学质量。这点已经被国内外教育史上众多的例子证明。例如,以杜威为代表的进步主义教育认为,传统的课堂教学是一种教师主动、学生被动的旧式教学,主张以活动教学,以现场教学和分组教学为主。但由于这种教学组织形式仅仅注重学生的活动,而学生活动又带有强烈的自由选择的特征,因此忽视了对系统的文化科学知识和技能、技巧的传授,从而导致了教学质量的严重下降,受到人们的强烈批评。

第三,教学组织形式直接影响教育规模的大小和教学效率。从教学组织形式的历史发展和演变过程中,我们可以清楚地看到,从个别教学向班组教学再向班级教学的过渡过程,也正是教学效率由低到高、教育规模由小到大的变化过程。例如,在班级教学成为普遍制度之前的漫长岁月里,各国的学校教育采用的都是个别教学和班组教学的形式。这种教学组织形式适应于当时的社会历史条件,它也导致了当时的教育规模小、教学速度慢和教学效率低的状况。班级教学的出现则普遍提高了教育的整体效率,并有效地扩大了教育的规模。

需要指出的是,教学组织形式具有多种形式,如班级授课、个别教学、分组教学等。在某一时期或某个地区,也许某种教学组织形式起主要作用,其他教学组织形式也同时存在,起辅助作用;在另一个时期或另外的地区,或许是其他类型的教学组织形式起主要作用。因为一个国家和地区在某一时期采取什么教学组织形式,往往受社会发展状态、科技进步水平、教育发展规模以及教育价值取向等因素的制约。

(三)教学组织形式的类型

1.个别教学

这是发端于世界各国古代学校的教学组织形式,其历史最为悠久,直到今天仍具有很强的生命力。

个别教学这一教学组织形式的出现可以追溯到原始社会。原始人在日常生活中,长辈教晚辈，一个传一个地把知识传播开来。所以最初的教学形式是个别教学，它包括祭司教学生识字以及后来的封建贵族雇用家庭教师进行教学的方式。在我国，个别教学出现的时间很早，持续的时间相当长。延续了数世纪的私塾在教学上就是以个别教学为主要形式的，受教育的学生人数少，而且年龄层次和知识水平相差悬殊，教师根据不同的水平分别教授一个或几个学生。这种教学组织形式的特点是规模小、速度慢、效率低，没有明确或固定的学习年限，学生学习既不分年限，也不分科目，但是这种方式较有利于对学生进行因材施教。

目前，各国中小学的个别教学形式是针对班级授课这一组织形式无法兼顾学生的个别差异的弊端而提出的，它包括独立学习、契约学习、个别指导和伙伴教学等。"独立学习是指学生制定在教师暂时停止讲课期间独立学习的计划，计划除学校规定的学习内容外，还包括适应本人特点和兴趣的学习内容。契约学习是教师和学生设计一个具有契约性质的学习计划，该计划通常包括学习目标、内容、活动、时间安排和考核办法等，师生双方在计划上签字。个别指导是指教师在课余时间或课堂上对学生进行额外的帮助与指导。伙伴教学是指学生与学生之间进行相互教学。"

2. 班组教学

班组教学，有人称之为"个别—小组教学制"。班组教学作为一种教学组织形式产生于由个别教学向班级教学的过渡时期。它既不同于个别教学，也有别于班级教学，但更大程度上类似于后者，因此有人称之为班级教学的雏形。我国宋代以后的书院和各类官学以及欧洲中世纪学校均采用过这种教学组织形式。由于它仅是一种过渡，因此，严格意义上的班组教学在今天已不复存在。班组教学具备了班级教学的某些特征。在这种教学组织形式下，教师（可能不止一名）同时教一组学生，班组学生的学习活动和学习课程具有某些共同性，具备了集体学习的特点。但通常班组的学生人数并不是固定的，学生入学和退学较为自由，对学生的年龄、文化程度、学习进度和学习内容也没有明确的统一要求。班组教学为后来的班级教学形式的确立奠定了基础。

3. 班级教学

班级教学也称班级教学制或班级授课制。班级教学是在班组教学的基础上发展而来的。它的出现适应了资本主义及其生产发展的需要，同时也为各国扩大教育规模，增加教学内容，提高教学效率和教学质量提供了比个别教学和班组教学更为有效的形式。

班级教学的发展经过了从实践到理论的升华和在实践中逐步完善两个阶段。捷克著名教育家夸美纽斯根据捷克兄弟会学校的先进教学经验和自己的办学实践及研究成果，在《大教学论》中论述了成立固定班级的适宜性，主张在学校中以固定的班级为组织，把年龄、知识水平大体相同的一群学生编成一个班，由教师按照固定的课程表和统一的进度进行教学，教师的主要任务是讲解教材，引发学生的学习兴趣，并督促检查全班和每名学生的学习。德国教育家赫尔巴特在夸美纽斯提出的班级教学理论的基础上，对班级授课制的核心——上课——进行了深入的研究，阐述了班级教学的形式和阶段，进一步完善了班级教学这一新型的教学组织形式。自17世纪末开始，班级教学逐步成为在全世界范围内被广泛采用的、最基本的教学组织形式。

4. 分组教学

分组教学是对班级教学的改革，它最早出现于19世纪末20世纪初。虽然班级教学相对于个别教学和班组教学而言具有无可比拟的优越性，但是班级教学的缺点也在其实施过程中暴露无遗，其最大的弊端就是很难做到适应学生的个别差异，难以对学生进行因材施教。因此，20世纪初，西方出现了主张进行分级教学的一些教学改革或实验，如沃德的"分团制"、伯克的"个别计划"、华虚朋的"文纳特卡制"、帕克赫斯特的"道尔顿制"等等。我国的分组教学是由西方引入的。1913—1914年间，我国的一些学校开始采用分组教学，如根据学生学业成绩进行班内分组的形式在当时被称为"分团教授法"，后来也有过按学生能力进行分组教学的实验。西方的分组教学在20世纪20年代的苏联也产生过重要的影响。但在20世纪上半叶，分组教学在各国教育界留下的印象是弊大于利，受到人们的抨击。

分组教学的再度兴起是在20世纪60年代以后，并相继引起各国的高度重视。这既有政治和社会等方面的原因，也有教育内部方面的原因。就后者而言，人们深感班级教学在对待学生的个别差异方面的确不如分组教学，班级教学无法真正做到因材施教，从而造成教育上的浪费。而解决这一问题的最佳途径就是分组教学，因为分组教学便于教师针对不同学生的不同特点和学习程度进行有针对性的、内容适宜的和分量深度适当的教学。因此，许多国家又开始了分组教学的实验和改革。

分组教学最为重要的内容是分组的标准，按当前对该问题的研究，人们一般将分组标准分为两大类，一类是外部分组，一类是内部分组。第一，外部分组。这种分组方式打破了传统的统一按年龄编班的做法，改由按学生的学习能力或学习兴趣来分组。这种形式的分组在西方国家运用得很广泛。

（1）兴趣分组：兴趣分组也叫选修分组。这种分组是跨班级的，甚至是跨年级的，如各种课外的活动小组、兴趣小组等等。

（2）能力分组：按学生的能力分组也就是按学生的智力或学习成绩来分组，通常又可分为学科能力分组和跨学科能力分组两类。

学科能力分组的依据是某一年级的学生在某些学科上的学习能力或学习成绩。这种分组的最大特点是它顾及了学生在不同学科上的不同能力和发展水平。采用这种分组方式会使学生的组别流动变化性较大，如一名学生可能加入数学A组、英语B组、自然科学C组。而某些不分组的学科往往仍旧采取班级教学的形式。

跨学科能力分组通常是按智力高低或成绩测试的分数把某一年级的学生分成A、B、C、D若干组。这种分组的依据是各个学生在各门学科的一般能力和平均成绩，而非某一特定学科的成绩。教师以不同的教学内容和进度来进行教学，如对高能力组授以水平高的教学内容，中等组授以普通课，低水平组授以基础课。许多国家的中学，特别是高中，常采用这种方式对学生进行分组。

第二，内部分组。它是指在保持传统的按年龄编班的班级教学条件下，根据学生的学习能力、学习速度和学习兴趣等因素将他们编入暂时性的小组里进行学习，因此也叫班内分组。内部分组的具体做法也有两种：

（1）在教学过程的某一阶段，在班级教学的基础上，由教师根据学习内容和学习目标对学生进行分组，其依据通常是简单的诊断性测验，分组后学生根据自身的不同情况学习不同的教学内容，经过一段时间达到教学目的后再进行班级教学。我们所熟悉的布卢姆的掌握学习，在教学组织形式上就常采用班内分组的方式以达到个别化教学的效果。

（2）对相同学习内容和相同学习目标采用不同的方法和媒介手段进行分组。其具体的做法是教师在班级教学的基础上，根据学生的兴趣和爱好以及能力等情况对学生进行分组，一部分学生借助教学机器或电化教具等自学或做作业，一部分优等生和差生组成小组，由前者辅导后者，另一部分学习特别差的学生则由教师直接指导。

20世纪70年代后期在美国掀起的合作学习可以说采用的就是这种分组方式。其具体做法也是由教师选择一名好生、一名差生和两名中等生组成小组，通过培养学生的合作技能，使他们进行充分的交流来达到增强学生的学习信心，从而提高学习成绩的目的。合作学习可有若干不同的模式，如学生小组成绩分队、学习小组学艺竞赛和交叉搭配教学等等。

5. 开放教学

开放教学也称为"开放班级"或"开放课堂"，它源于20世纪30年代美国进步主义教育者的主张，20世纪50年代后在英国的初等学校里广泛推行，自20世纪70年代起，在美国、加拿大、瑞典等国流行起来。开放教学的最大特点是放弃了班级教学的形式。在开放教学的形式下，教学以学生的兴趣为中心，无固定的计划、形式和结构，不拘泥于形式，在活动中进行学习。教师的任务是为学生提供学习情境，进行个别辅导，而不直接介入学生的学习活动。各国实行开放教学的通常做法是设开放教室，把教室分成几个活动角，在每个角都准备有活动材料，学生按兴趣参加，不同年龄和程度的学生在一起活动，学生在活动中学习，教师起引导、建议和协助作用。开放教学虽有利于发挥学生的独立性和创造性，有利于培养学生的合作精神和合作能力，但不利于学生学习系统的知识。

6. 现场教学

现场教学是一种在空间上与课堂教学相对应的教学组织形式。作为对课堂教学的改革，现场教学在师资、教学时间、教学手段和方法等方面均有其自身的特点。其最大的特色是，教学活动不是在学校的课堂中进行，而是在事件发生发展的现场进行。

现场教学弥补了课堂教学的某些不足，使学生能够在现场直接学习某一学科的知识或技能，把教学过程和人类的认识过程统一起来，使学生置身于社会活动、生产过程中，在实践中进行学习，这有利于理论和实际的密切结合。但必须指出，现场教学的特点决定了它只能是课堂教学的补充，不可能取代课堂教学，否则将会带来恶劣的后果。我国在这方面曾经有过深刻的教训。

（四）教学组织形式的选择

教学组织形式主要受教学观念、教学任务、教学内容、教学对象和教学条件等因素的制约。教师在选择教学组织形式时，要综合考虑各种制约因素，进行优化组合。

（1）根据教学任务进行选择。巴班斯基提出："每一种教学形式——全班的、小组的和个别的，都能顺利地完成一些教学教育任务，而对另一些教学教育任务的作用就较小。"所以，教师在选择教学组织形式时，首先要考虑教学任务。如果教学的主要任务是传授新知识，就应选择班级教学的形式，如果是培养学生的技能技巧，则可考虑采用小组教学的形式，如果要完成多种教学任务，可以考虑多种教学组织形式的整合。

（2）根据教学内容进行选择。从不同的学科来看，如语文、数学、体育、美术等，其内容的性质不同，因此要考虑采用不同的教学组织形式。相对而言，语文、数学等学科的班级规模可以大一些，而体育、美术等学科较适合小班授课。从同一门学科来看，不同的教学内容，如教学任务不一样，或者内容难易程度不同，也可以采用不同的教学组织形式。

（3）根据教学对象进行选择。不同年龄阶段的学生在身心发展方面存在着差异，教师在选择教学组织形式时必须顾及这些差异，采用合适的教学组织形式。例如，就课堂教学时间而言，在小学阶段，高年级和低年级学生的注意力发展水平不同，不宜一律采用45分钟一节课的组织形式，而在大学阶段，即使是两节课合在一起，90分钟一次课，也是一种可以考虑的选择。

（4）根据教学条件进行选择。在选择教学组织形式时，既要考虑教育的理想和教学的效果等因素，也要考虑教育的现有条件、学校的文化背景等因素。像个别教学，虽然在提高学生的学习成绩方面比班级教学的效果要好，有利于因材施教，但它不利于培养学生的共生、合作等品质，而且在经济上的代价较高，没有一定的经济实力就难以推广和普及。有些教学组织形式，在一个国家的学校能够发挥巨大的作用，但在另一个国家的学校，因为文化背景、社会习俗等不一样，它们的作用就不一定能发挥得那么充分，那么理想。

对各种教学组织的研究表明，各种教学组织形式各有优缺点，并不存在某种有利无弊的教学组织形式。因此，教师在教学中应该考虑各种教学组织形式之间的配合，实现优势互补，发挥它们最佳的或者最恰当的教育功能。

二、教学的基本组织形式——班级授课制

班级授课制是一种集体教学形式，它是以固定的班级为组织，把一定数量的年龄基本相同的学生编成一个班级，由教师按照固定的课程表和统一的进度，以课堂讲授为主要方法，对学生进行分科教学。在班级授课制中，同一个班的每名学生的学习内容与进度必须一致，但开设的各门课程，特别是在高年级，通常由具有不同专业知识的教师分别讲授。

（一）班级授课制的产生和发展

班级授课制产生于17世纪近代资本主义兴起时期，它是资本主义社会经济和政治的

发展对高素质人才的需求大大增加，要求普及教育，扩大教学规模，提高教学效率和质量，从而批判、否定分散的小农经济和封建隔绝状态下长期实行的个别教学组织形式的结果。当然也是由于那时已具备了实行班级授课制的各种条件，包括教学理论的进步和教学实践的创新。

公元16世纪和17世纪间，班级授课制首先是在东欧的一些学校教学实践中创造出来的，它的发展经过了三个阶段：第一阶段，以夸美纽斯为代表的教育家从理论上加以总结和论证，使它基本确立下来；第二阶段，以赫尔巴特为代表的教育家提出教学过程的形式和阶段的理论，对夸美纽斯的理论进行了完善；第三阶段，以凯洛夫为代表的教育家提出课的类型和结构的概念，从而使班级授课制成为一种结构完整、有效运作的教学组织形式。

（二）班级授课制的基本特征

班级授课有固定的授课对象、授课内容、授课时间和授课地点。具体来说，其特征表现为以下几个方面：

（1）把学生按照年龄和知识水平编成固定的班级，即同一个教学班学生的年龄和程度大致相同，并且人数固定。教师按日程表上排定的时间，同时对整个班集体进行同样内容的教学。夸美纽斯形容这种教学如同印刷书籍一样。他还说，教师的嘴就是一个源泉，学生的注意如同一个水槽，知识的溪流由教师的嘴里流向学生的头脑里。

（2）有统一和固定的教学内容，教师按规定的教学计划、教学大纲和教科书进行教学。

（3）把教学内容以及实现这种内容的教学手段、方法和展开的教学活动，按学科和学年分成许多小的部分，这些小部分分量不大，大致平衡，彼此连续又相对完整，每一小部分的内容和教学活动，就叫作"一课"。

（4）把每一课规定在统一而固定的单位时间里进行。单位时间可以是50分钟、46分钟或是30分钟，但都是统一的和固定的。课与课之间有一定的间歇和休息。从各学科而言，可能是单科独进，也可能是多科并进，轮流交替。

（三）课的类型和结构

班级授课制在不同的发展阶段有不同的特点。夸美纽斯时期的着重点在于编班、集体讲演和一个教师教许多学生，至于教学内容和教学活动在"过程"和"时间"上是怎样一种序列，还没有明确的规划和论述。到了赫尔巴特时期，他根据观念心理学的统觉论，提出教学是一种过程，认为形成观念，即掌握知识技能要经过一系列的阶段：明了、联想、系统、方法。这就为"课"的划分和安排提供了理论基础。但是，这时也还只能说是理论基础，赫尔巴特并未提出"课"的概念，更没有关于课的类型和结构的思想。苏联的教学论则是不仅明确提出了"课"的概念，还把它的内容具体化了。

对于课的类型和结构划分的理论根据，苏联教学论并非简单地继承赫尔巴特的统觉论，而是力图应用马克思主义认识论，认为学生在教学中掌握知识要经过感知教材、理解教材、巩固知识、运用知识、检查教学效果等几个互相联系的阶段。学生不管是掌握一个概念，还是掌握某一系统的学科知识，都要经过这些过程、环节或"工序"。有的教学内容分量不大，而且比较浅显，在一个单位时间（50分钟或45分钟）内就可以全部完成；但是另一些教学内容分量大、程度深，学生不可能在一节课里就完全掌握，须要由一系列不同类型的课所组成的课程体系来完成任务。课的类型即由此而来。那种包括掌握知识过程全部或大部环节或"工序"的课，叫作"综合课"；那种只担负一道或两道"工序"的教学任务的课，分别叫作讲授新教材课、复习课、练习课、实验课、测验课等。简而言之，即课的类型是根据一节课所完成的任务而定的，凡是只完成一个任务的课就是单一课，而完成两个或两个以上任务的课，叫作综合课。具体到某一特定类型的课时，根据它担负的任务、教材特点以及所采取的手段和方法的具体情况，又有不同的更为具体的阶段、环节和步骤，这就是课的结构。一般的综合课都包括组织教学、复习旧课、讲授新课、巩固新课、布置作业等环节。

（四）班级授课制的优越性和局限性

1. 班级授课制的优越性

（1）它是面向全体学生进行教学的。一位教师能同时教许多学生，而且使全体学生共同前进，表现出较高的教学效率。

（2）它能保证学习活动循序渐进，并使学生扎扎实实、有条不紊地获得系统的科学知识。

（3）它能保证教师发挥主导作用，还可以使教师能直接指导学生学习的全过程。

（4）它把教学内容及活动进行有计划的安排，从而赢得高效率的教学。

（5）学生彼此之间可以互相观摩、启发、切磋、砥砺。

（6）它能比较全面地实现教学任务，从而有利于学生多方面的发展。它不仅能保证学生获得系统的知识、技能和技巧，还能保证对学生进行思想政治影响，启发学生的思维、想象能力以及学习热情等等。

2. 班级授课制的局限性

（1）教学活动多由教师决定，学生的主体地位或独立性受到一定的限制。由于班级授课制强调以教师为主调控班级要素，教师对学生的认识与观念有时无法做到客观、公正与合理，特别是教师在只关注如何将知识传授给学生时，就常常无法顾及学生在课堂中的主体性。

（2）封闭式教学使教学容易与学生的现实世界相脱离。由于受班级规模的限制，班级授课制无论在教学内容还是在教学的组织形式上，都难以让学生进入生动的现实世界，从而导致教学中只注重与学科知识相关却与学生相去甚远的知识的教学。

（3）重视预设内容的教学，课堂教学的开放性、生成性、创造性不强。多数教师都有这样的观念，要完成教学任务，就要通过各种调控手段，首先预设教学内容，然后将知识按部就班地按照预设施为，这样的结果是忽略了课堂本身的开放性与生成性。

（4）强调统一、齐步走，难以照顾学生的个别差异。教学中，教师一般的做法是以中间为主，兼顾两头。但是，要兼顾两头学生的学习已经被现代教学研究证实是难以做到的。所以，强调统一、整齐划一的教学根本无法照顾学生的个别差异。

（5）固定化、形式化，教学方式方法单一。

（6）不能保证真正的智力发展的要求，往往将某些完整的教学内容和教学活动人为地分割。

（7）每名学生独自完成学习任务，集体智慧没有充分发挥，合作精神也没有得到充分发展。

总之，班级授课制注重集体化、同步化、标准化，长于向学生集体施教以提高知识讲授的效率，而拙于照顾学生的个别差异和对学生进行因材施教，不利于培养学生的志趣、特长和发展他们的个性。

（五）班级授课制的改革动态

在世界范围内，班级授课制经一个多世纪的怀疑、非难乃至猛烈的抨击而仍然能站得住脚，仍然是学校教学的基本组织形式，这绝不是偶然的。它是一个历史时代的产物，只要它赖以存在和发挥作用的条件未曾消失，它就不会消失，因为它有存在的客观需要。我们不能强行取消它，但是我们可以根据实际情况对它进行改革，也可以让它与其他教学组织形式相配合，从而取得更好的教学效果。

1. 世界各国缩小班级规模的运动

美国克林顿政府的 CSR 计划主要采用联邦政府拨款的方式推动实施，准备将中小学各年级班级学生人数从平均 23 人减少至 18 人。日本教育研究学会的调查显示，低年级教师认为最恰当的班级大小为 20 人。日本山形县 2002 年实施的"新新计划"规定义务教育阶段的初中和小学各班人数为 30 人。韩国于 2001 年开展小班化运动，政府打算投入一半的教育预算（约 110 亿美元）加建学校和教室，以将班级人数降至每班 35 人。不仅中小学缩小班级规模，大学也在缩小班级规模。这种改革可以使每个孩子都能得到教师充分的关注，使教师对学生的指导更有针对性，使师生互动更加深入，使学生有足够的时间说话，从而挖掘学生最好的一面。

2. 加强班级授课制与其他教学组织形式的相互配合

不同的教学组织形式产生的社会背景和历史条件不同，它们适应的是不同的时代和地区的需要，但是人类社会是复杂的，而各种教学组织形式又都有其优点和缺陷，所以它们在一定意义上具有互补性，可以实现优化组合。班级授课制作为一种基本的教学组织形式，需要得到其他教学组织形式的有力支持。例如，我国有些地区就推行大班教学、小组讨论、个别辅导相结合的方式。总地来看，西方发达国家往往在注重个别教学的同时趋近集体教学，而发展中国家则在坚持班级教学的同时注意个别化教学。

3. 班级授课制的弹性化

1959年，美国著名教育家约翰·古德莱德在其《不分级小学》一书中指出，分级制是一种僵化的教育体制，它不是建立在学生发展的个别性和独特性的基础上的，没有考虑到学生发展的不同速度和不同层次，无法实现学生发展的多样性。在实证研究的基础上，他提出了不分级小学这一解决方案，主张构建灵活的学制，让学生可以根据个体不同的学习能力和速度，得到最大限度的持续发展。通过实行这种学制，教师就有可能根据学生的实际情况设计创造型的教育与教学策略。

1999年1月，芬兰颁布的《芬兰高中教育法》明确规定所有高中都应采纳无年级制。实行无年级授课制的学校，不为学生分班或分配固定教室，不同学年入学的学生会因选择同一课程而坐在一个教室，而同一年入学的学生也会因为选择不同课程而坐在不同的教室。选修同一门课程，坐在同一个课堂上课的学生，可以是刚进校的新生，也可以是即将毕业的高年级学生。新学年伊始，学校即发给学生每人一本课程设置手册，内含本学年开设课程明细表，包括课程的总体介绍、课程设置、各科详情、任课教师、选修必备前提条件等，同时将手册全部内容公布在校园网上，以便学生随时查询。学校对大部分课程的选修不作任何限制，只是根据课程难易程度加以编号并注明选修该课必备的知识前提。学生根据自身情况和各自不同的兴趣爱好，从学校提供的"课程菜单"中选择不同的学段课程和适合自己的任课教师，制定个人的学习计划并决定自己的学习进程。学生的学习进度和教学组织取决于学生对课程的选择。同年入学的学生，每个人的课程表很可能因为选课的不同而不同。学校建立了对学生的顾问制度，设专业的学生顾问，解答学生在学习、生活、未来择业或继续深造中遇到的各种问题。

4. 课堂教学环境的变革

教师与学生的关系在逐渐改变，不再是纯粹的"我讲你听"的单向信息传递关系，也不再是"星星绕着太阳转"的以教师为中心的依附关系，而是越来越多地体现出人格上的师生平等关系和教学中的师生对话关系。近些年，美国兴起无讲台运动，创造师生零距离互动的课堂环境。在我国，山东省茌平县杜郎口中学也在2004年撤掉了讲台，以便"学生动起来，课堂活起来，效果好起来"。教室前面的讲台没有了，师生同在一方空间，同处于一个平面。教师45分钟的课只讲10分钟，其余35分钟让学生自主活动，真正把课堂还给学生，让课堂成为学生自我表现和自主发展的舞台，而不再是教师表演和唱独角戏的舞台。"自主课堂：我参与，我快乐；自主学习；我自信，我成长"的理想正在变为现实。

第二节 教学工作的实施

教学活动是由几个相互衔接的教学环节构成的系统,从教师施教的工作系统来说,教学活动包括五个基本环节:备课、上课、作业的布置与批改、课外辅导、学业成绩的检查与评定。

一、备课

备课是教师为上课而进行的准备与计划安排工作。备课分个人备课和集体备课两种。个人备课是任课教师自己进行的备课工作,这是教师最普遍、最基本的备课形式;集体备课是由相同学科和相同年级的教师共同进行的备课工作,以利于教师之间相互交流和集思广益,也便于统一教学要求。

(一)备课的意义

备好课是上好课的前提条件。通过备课可以加强教学的计划性,以利于提高教学质量。备课的过程也是教师提高自身的科学文化知识水平、积累总结教学经验和提升教学能力的过程。备课的过程也反映出教师的责任感、自觉性和积极性。

(二)备课的内容

备课的基本工作内容,包括钻研教材、了解学生、设计教学方法、拟订教学计划等。

1. 钻研教材

钻研教材是备好课的关键,主要解决教什么的问题。钻研教材包括钻研课程计划、学科课程标准、教科书和教学参考资料等。

钻研教材,首先是研究课程计划和学科课程标准(教学大纲),领会课程的基本理念和总目标,弄清楚本学科的教学目的,教材体系、结构、基本内容和教学法上的基本要求;其次是研究教科书,熟练掌握教科书的全部内容,准确把握各章节或各单元的重点、难点和关键点,以及教科书内容的前后联系;最后是阅读有关教学参考资料,选取恰当的材料充实教学内容。

2. 了解学生

学生不仅是教学的对象,而且是教学过程中的认知主体。教学的最终结果,要落实在学生的学习质量上。为了使备课工作能切合学生的实际,必须做到"目中有人",全面了解学生。

了解学生,首先是了解他们的年龄特征,熟悉他们身心发展的特点;其次是了解班级的整体情况,如班风等;最后是了解每一个学生,掌握他们的思想状况、兴趣爱好、知识基础、学习态度和学习习惯等。在全面了解的基础上,进行分析、研究,做出准确估计,并能预见学生在学习中可能会遇到什么困难、会提出什么问题,使教学更加具有针对性。

3.设计教学方法

在钻研教材、了解学生的基础上,教师要考虑用什么方法使学生掌握这些知识并促进他们能力和品德等方面的发展,即要解决"怎么教"的问题。教学方法的设计主要包括确定课的类型和结构,组织安排教材,选择适当的教学方法,准备需要的教具、实验仪器及其他资料。

4.拟订教学计划

就课程实施而言,教学计划主要包括学年(或学期)教学进度计划、单元(或课题)教学计划和课时计划三种。

(1)学年(或学期)教学进度计划的拟订。这种计划是在简要备课的基础上完成的,应在学年(或学期)开始前制订出来。它主要包括学生情况的简要分析,所任课程本学年或本学期教学的总体要求,各章节或各课题的教学课时数和时间安排,所需要运用的教学手段等。

(2)单元(或课题)教学计划的拟订。这种计划是在"细"备课的基础上完成的,应在上课前两周完成。包括确定每个单元(或课题)的教学目标,划分课时和课的类型,选择主要的教学方法、教学组织形式、教学媒体、教学策略等,明确本单元(或课题)在教科书中的地位及与其他单元(或课题)的关系。

(3)课时计划的拟订。这种计划又称教案,是在"精"备课的基础上完成的,是教师为某一节课而拟订的计划,是上课前的直接准备。课时计划是备课工作中最深入、具体的一步,对保证课堂教学质量起着重要的作用,教师应当精心设计每一节教案。

(三)教案的编写

1.教案的结构

一份完整的教案,一般包括班级、学科名称、课题名称、教学内容、教学目标、重点难点、课的类型、教学时间、教学方法、教具准备、教学进程和板书设计等部分。

(1)课题名称。写明该课时教学的总题目。可以是课本中某一课题的名称,也可以是教学任务的名称,还可以是该课时教学内容的综合。

(2)教学目标。教师根据学科课程标准和学生实际制定本课时的教学目标。教学目标要全面、适度、明确、具体,便于检测。

(3)教学内容。列出该课时的具体教学内容。

(4)教学重点难点。根据教学目标分析确定本课时的教学重点和难点。重点是学生必须理解和掌握的内容,难点则是知识深奥或学生学习准备不足、学习有困难的内容。教学重点不一定是教学难点,教学难点也不一定是教学重点。同一年级不同班级的学生教学重点相同,但教学难点则不一定相同。

(5)课的类型。确定本节课是单一课还是综合课,如果是单一课还要明确是哪种类型的单一课。

（6）教学方法。列出本节课使用的教学方法。

（7）教学时间。标明该节课的持续时间。

（8）教具准备。标明根据教学需要准备的诸如投影仪、录音机、计算机、各种图表、模型等教具。

（9）教学过程。这是教案编制最为重要的内容，要做到步骤结构清晰、文字叙述详细、突出重点难点。教学过程设计的内容，包括教学内容处理、教学活动设计、教学方法设计、教学时间设计等。

（10）板书设计。好的板书可以使教学条理清晰、重点突出，增强教学效果。教师在备课时应对板书有一个总体设计。先写什么、后写什么、写在什么位置，都要有一个总体设计。

为了总结经验，促进教学能力的不断提升，有些教师在上完课后，还要写课后分析。

2. 教案的类型

教案可以分为详细教案和简要教案。详细教案篇幅比较大，需要对教案的每一个组成部分进行详细的阐述，它是新教师、年轻教师及老教师在进行新课题教学时，常常采用的类型。简要教案的篇幅比较小，一般只需要规划出教学过程中的关键内容、使用的新颖手段和媒体或特殊事例，多为经验丰富的老教师所使用。

二、上课

上课是教学工作的中心环节，对其他环节具有支配和决定作用，是提高教学质量的关键。教师应当上好每一节课。根据教学实践经验，一节成功的课应达到如下五项要求：

（一）目标明确、具体可行

教学目标是一节课的出发点和最终归宿。能否实现教学目标，是衡量一节课是否成功的首要标准。

一节课的教学目标，首先要全面，要力求实现知识、技能和情感目标的统一；其次要具体，要明确各种知识的学习、能力的培养应达到什么标准，以便于测试；最后要可行，不仅要体现学科课程标准的要求，而且要切合学生的实际。在教学过程中，不仅教师要明确教学目标，学生也应当了解教学目标，并将教学目标贯穿于教学过程的始终，使整个教学活动紧紧围绕着教学目标进行。

（二）内容正确、处理得当

教学内容是保证教学目标得以实现的重要保障。正确的教学内容，应该体现科学性和思想性的有机统一。在准确无误地传授知识的同时，有效地对学生进行思想教育。

教材处理得当是指要按照课程标准的要求，遵循知识的系统性、连贯性，重视和加强"双基"，联系学生的实际和教学条件，突出教材的重点和难点，使教学主次分明、详略得当。

（三）方法恰当、灵活多样

教学方法是实现教学目标的手段。一节成功的课在教学方法的使用上应做到如下几点：一是恰当合理，依据教学目标和学生的实际恰当选择教学方法；二是灵活多样，综合使用多种教学方法；三是富有启发性，能激发学生的学习动机，引起学生兴趣，活跃学生思维。

（四）组织严密、效率高效

一节成功的课应有严密的计划性。一方面，教师的教与学生的学要密切配合，教师既要注意讲授，还要指导和组织学生学习，以保持教学活动的有序性；另一方面，教学活动的结构要紧凑、环环相扣、有条不紊，使教学时间得到最大限度的利用，提高教学效率。

（五）积极性高、效果良好

这是衡量一节课成功的关键。积极性高是指在整个教学过程中，充分发挥教师的主导作用和学生的主体作用。效果良好是指全面实现教学目标，最大限度地促进学生发展。

三、作业的布置与批改

作业的布置与批改是课堂教学的反馈环节，是教学工作的有机组成部分。学生知识的复习、巩固和运用是通过一定的作业来实现的。

（一）作业的目的

组织学生作业的目的在于帮助学生进一步巩固和消化课堂所学的知识，并通过练习形成相应的技能；培养和提高学生应用知识的能力和习惯；发展学生的智力和创造才能；培养学生对学习的责任心，形成独立思考和自觉学习的习惯，锻炼克服困难的毅力。

（二）作业的种类

作业有课内作业和课外作业两种。从作业的练习形式来看，可以分为以下四种：

一是口头作业：如朗读、背诵、复述等。

二是书面作业：如书面练习、演算习题、作文、绘图等。

三是阅读作业：如预习、复习教科书等。

四是实践作业：如观察、实验、测量、社会调查等。

（三）作业的布置

教师在布置作业时应注意以下三点：

第一，作业内容要符合课程标准和课堂教学的要求，要有利于学生巩固与加深理解所学的知识，形成相应的技能、技巧。

第二，作业的份量和难易程度要适当，大多数学生经过努力都能完成，避免负担过重。对于学有余力的学生可以适当增加一些作业。

第三，作业要有明确的要求和时间限制。对比较复杂的问题，教师可以适当提示，及时加以指导，但不可包办代替。

（四）作业的批改

教师批改作业是检查教学效果、发现问题和指导学生学习的重要手段。通过批改作业，教师可以全面了解学生知识掌握和运用的情况，同时，对作业中的错误原因进行分析，教师可以进一步获得反馈信息，以便对教学做出有针对性的改进，从而提高教学质量。

作业批改的形式很多，主要有全面批改、重点批改、轮流批改、当面批改、指导学生自批自改或互批互改等。

教师在批改学生作业时应该注意以下五点：

1. 按时检查

教师对学生的作业应及时批改，以帮助学生养成按时完成作业的好习惯。同时，也可以及时了解教学过程中存在的问题。

2. 认真批改

教师在批改学生的作业时，要严格要求、认真规范，以发现学生在知识、技能方面的错误和局限。教师对学生作业的批改，是反映教师教学态度、教风的重要方面，对学生的学习也具有一定的示范作用。

3. 仔细评定

批改后的作业一般应该有成绩并尽可能写上简短的评语，指出学生学习的"症状"或有独创性的见解。

4. 及时反馈

作业的情况要及时反馈给学生，以强化学生正确地理解和运用知识，同时纠正学生的错误。

5. 做好讲评

作业的讲评可以将重点放在两个方面：一是对作业中的普遍性错误和共性问题进行讲评；二是对作业优秀、有明显进步的学生进行表扬。

四、课外辅导

课外辅导是教师在课堂教学规定的时间以外，对学生进行的辅导。它是对上课内容的有益补充，是教学的一种辅助形式。

（一）课外辅导的内容

课外辅导的内容主要包括三个方面：一是给缺课的学生补课；二是给学习基础差的学生辅导；三是给学有余力或学有所长的学生个别指导，加深拓宽课堂所学的内容。

（二）课外辅导的形式

课外辅导的形式主要有个别辅导和小组辅导两种。

（三）课外辅导的要求

教师在进行课外辅导时要注意做到以下三点：

一是坚持正确的目的，以素质教育的思想为指导开展课外辅导。不得以课外辅导为名，变相加课、补课，加重学生的负担。

二是从辅导对象的实际出发确定辅导的内容和方式。

三是课外辅导只是对课堂教学的补充，辅导的对象也只是部分学生，不要把主要精力放在课外辅导上。

五、学业成绩的检查与评定

对学生学业成绩进行检查和评定是相对完整的教学过程中的最后环节，是教学工作不可缺少的组成部分。

（一）学业成绩检查与评定的意义

学业成绩的检查与评定是教学工作的反馈环节，它对于调节教学工作、提高教学质量有着重要的意义。

通过学业成绩的检查与评定，教师可以了解自己的教学效果，便于总结教学经验，改进教学；学生能从自己学习结果的反映中及时获得反馈信息，了解自己的学习情况与学习目标之间的差距，以进一步调整自己努力的方向；学校领导可以了解教师教和学生学的情况，为改进教学工作、制定改进教学工作的措施提供依据；学生家长可以及时了解自己的子女在学校的学习、进步情况，以便与学校密切配合，更好地教育子女。

（二）学业成绩的检查

1.学业成绩检查的方式

检查学生学业成绩的方式有很多，常用的有考查和考试两类。考查多用于平时检查，考试多用于阶段性检查。

（1）考查。考查是在平时的课堂教学和课外作业等教学活动中对教学效果所进行的检查。它具有及时、灵活、方便的特点，可以经常使用。中小学常用的考查方式主要有以下四种：

一是课堂提问。通过课堂提问，教师可以直接了解学生掌握知识的情况，并可以根据学生回答的情况提出补充性问题，因而能深入地、确切地了解学生的学习质量，便于掌握每个学生的具体情况。课堂提问可以要求学生口头回答，也可以要求学生演示回答，还可以两种方式同时进行。教师采用课堂提问时，应尽量把全班学生全部吸引到考查活动中来。

二是书面测验。书面测验可以使教师在较短的时间里了解学生掌握知识的情况。一般在学完一个课题或一章之后进行。书面测验后，教师要及时评阅试卷，进行讲评，并要求学生纠正错误。

三是检查作业。通过作业的检查了解学生的学习情况，培养学生及时完成作业的良好习惯。作业检查包括平时的课堂作业、家庭作业等，可以在课堂进行，也可以在课外进行。

四是日常观察。通过课内外的日常观察，考察学生的学习态度、学习能力、学习习惯，以及对知识的掌握和运用情况。这种方法简便易行，但难以有计划地、系统地进行，因此只能作为一种辅助形式，配合其他考查方式进行。

（2）考试。考试是对学生的学业成绩进行阶段性检查的一种方式。它具有总结性的特点，通常在学习告一个段落之后，为了系统地检查和衡量所学的知识、技能等方面的情况，进行考试，如期中考试、期终考试、学年考试和毕业考试等。根据其功能，可以分为合格水平考试和选拔性考试两类。合格水平考试的目的在于考核学生是否达到预定的教学目标，如中小学的期终考试和毕业考试等；选拔考试的目的在于对学生的学习水平进行区分，如各种竞赛、升学考试等。

中小学常用的考试方法有口试、笔试和实践考试三种。笔试又可以分为开卷考试和闭卷考试两种。究竟采用哪种考试方法，需要根据学科的教学目标和考查内容来确定。

2.命题的基本要求

考核能否达到预定的目的、发挥积极的作用，在一定程度上取决于考核的命题。

（1）常用的试题类型。试题的类型主要有客观题和主观题两类。客观题有判断题、选择题和匹配题、排列题等形式，这类题目，答案比较简短，评分标准固定，阅卷速度快，准确率高，所以，题目数量可以多一些。但是，它不能反映学生选择素材、组织内容和统整观点的能力。主观题包括简答题、作文和论述题等形式。这类试题给学生较大的回答问题空间，能全面地考查学生的水平，但试题覆盖面小，评分标准也难以客观。

（2）命题的基本要求。教师在命题时应遵循以下六点要求：

第一，试题要反映学科课程标准的要求，不要出偏题和怪题。

第二，试题要全面考核学生对知识的掌握和运用情况，既要考核学生对知识的记忆，又要考核学生对知识的理解深度和运用能力。

第三，试题内容既要突出教材的重点，又要有较大的覆盖面。

第四，试题的难度和分量要适宜。

第五，试题要有一定的区分度，能拉开分数的距离。

第六，试题要实用。试题要文字表达清晰、测验时间适当、评分标准合理，便于组织、便于实施。

（3）命题的基本步骤。编制成套测验试题的基本步骤是确定内容和选择类型—编排题目和编写答案—复查题目和修订完善。

第一步，确定考试内容，选择试题类型。教师要根据测验的目的，确定内容、知识点、认知水平，选择试题的类型。

第二步，编排考试题目，编写试题答案。题目选择结束后，教师要把各种题目进行合理的编排，以便于学生回答和教师评阅。通常情况下，把相同或相似的题型组织在一起，把简单的放在前面，把复杂的放到后面。教师还要编写说明，提供评分原则。

第三步，复查考试题目，及时修订完善。在试题编制完成后，教师要对试题进行审查，发现问题及时修订完善。为了避免个人思维定式的影响，可以请一位同事进行审查，也可以过一段时间再审查。

（三）学业成绩的评定

1.学业成绩评定的方式

常用的评分方法有百分制和等级制两种。

（1）百分制记分法。目前，我国大多数中小学都采用这种记分方法。它是以一百分为满分，从0分到100分，60分为及格，这种记分方法能显示出学生学习上的进步序列，能有效地鼓励学生为争取高分而努力。但是，这种方法的序列过细，相近分数常难以反映出学生知识水平的真正差距。

（2）等级制记分法。这种记分法可以分为两类：一类是文字等级记分法，如优、良、中、差，甲、乙、丙、丁等；另一类是数字等级法，如5、4、3、2、1，其中5分为最高，3分为及格。等级制记分法便于对学生掌握知识的水平做出综合的质量评定。它的优点是记录方便，等级分明；缺点是无法记录学生成绩的细微差别。

一般情况下，这两种记分方法要和评语有效地结合起来使用。

2.学业成绩评定的要求

第一，客观公正。每一门学科的课程标准所规定的知识范围、水平和相应的技能、能力，是评定学业成绩的标准。教师在评定学生的学业成绩时，要严格依照标准，客观公正地评价。

第二，指出学生在学习上的优缺点和努力方向。

第三，鼓励学生创新。在评定成绩时，对于有创见的回答，以及能运用所学知识独立分析问题和解决问题的回答，应予以鼓励并适当加分。

第三节 学生的学习指导

一、学生学习的主体地位

在教学过程中，学生不仅是施教的对象，而且是学习活动的主体。

学习活动是学生自身的认识活动，活动的主体是学生个人。教师可以向学生讲解学习材料、进行操作演示、提出思考问题等，但学生是否听、是否看、是否想，以及听、看、想的程度，完全取决于学生自身，任何人不能代替。教师所带来的教育影响，只有通过学生个体的积极活动才能起作用，否则，难以取得成效。

教是为了学。在教学过程中，教师只有把学生看作学习活动的主体，才可能有效地实现教学目标、任务。教师在多大程度上让学生成为学习活动的主人，决定了学生能在多大程度上实现教学目标和任务，离开了学生自身的努力，教师的一切努力都会成为泡影。所以，教师要创造条件，有效调控教学过程，最大限度地发挥学生的主体作用。

二、学习的含义与类型

（一）学习的含义

学习的概念有广义和狭义之分。广义的学习是指人和动物在生活过程中，凭借经验而产生的行为或行为潜能的相对持久的变化。狭义的学习特指人类的学习。

人类的学习与动物的学习有本质的区别。第一，人类的学习，除要获得个体经验外，还要掌握人类世代积累的社会历史经验和科学文化知识；第二，人类的学习是在改造客观世界的生活实践中，与他人的交往，通过语言的中介作用而进行的；第三，人类的学习是有目的、有计划、自觉、积极主动的过程。学生的学习是人类学习的一种特殊形式，是在教师指导下，有目的、有计划、有组织、有系统地进行的，是在较短时间内接受前人所积累的科学文化知识，并以此来充实自己的过程。学生的学习不仅要掌握知识经验，而且要发展智能、培养行为习惯以及修养道德品质和促进人格发展。

（二）学习的类型

学习是一种极其复杂的现象。为了方便研究，许多心理学家根据不同的目的和标准对学习进行了分类。

1. 我国心理学家对学习的分类

我国的心理学家潘菽依据学习的内容及结果，把学习划分为以下四类：

第一，知识的学习，其中包括学习时的感知和理解等。

第二，技能和熟练的学习，主要是指运动的、动作的技能和熟练的学习。

第三，心智的、以思维为主的能力的学习。

第四，道德品质和行为习惯的学习。

2. 西方心理学家对学习的分类

（1）加涅对学习的分类。加涅于1965年提出把学习分为八种类型，即信号学习、刺激反应学习、连锁学习、语言的联合、辨别学习、概念学习、原理学习、解决问题。到了1971年，加涅又把学习从简单到复杂分为六类，即连锁学习、辨别学习、具体概念学习、定义概念学习、规则的学习、高级规则的学习。

（2）桑代克对学习的分类。桑代克对学习的分类较早。他认为人的学习是极为复杂的，应该分为四类，即像普通动物式的养成结合、以观念养成结合、分析与抽象、选择的思想或推理。

（3）布卢姆对学习的分类。布卢姆以对学习材料的简单回忆到对学习材料的评价，把学习分为六类，即知识、了解、应用、分析、综合、评价。

三、学习困难学生的类型分析

在中小学的各科教学中，都会出现一些学习困难的学生。根据学习困难形成的原因，可以将学习困难分为以下五种类型：

（一）目标不明型

这类学生在学习过程中的主要表现是：对学习缺乏正确的认识，学习态度不认真，对学习马马虎虎、无所谓。究其原因，主要有以下四种：

一是对学习的意义认识模糊，没有意识到学习的重要性。

二是学习目的不明确，没有养成学习的责任心。

三是缺乏长远性的学习动机，学习没有动力。

四是被某种特殊爱好所吸引，迷恋于某种活动，忽视了正常的学习。对待这类学生，教师要加强学习目的性教育，激发学生的学习动机，增强学生对学习的责任感。

（二）基础薄弱型

这类学生在学习过程中的主要表现是：学习长期处于落后状态，虽有取得好成绩的愿望，但多次失败使他们对学习缺乏自信，消极、被动。究其原因，主要有以下三种：

第一，原有的知识基础不牢固，欠账较多，学习新知识有困难。

第二，知识体系的某一环节脱落，出现了知识缺漏而没有及时填补上去，结果脱落现象越来越严重，对学习感到越来越困难，以至于失去学习信心。

第三，缺乏科学有效的学习方法。

对待这类学生，教师可以适当地降低要求，放慢进度，增强学生的学习信心。同时，要在知识上查漏补缺，帮助学生填补知识的缺漏。

（三）性格不良型

这类学生在学习过程中的主要表现是：任性、好玩，对学习缺乏兴趣；独立性差、依赖性强；意志力薄弱，学习缺乏坚持性，不能排除学习过程中外来的干扰和困难。究其原因，主要有以下两种：

第一，平时要求不严，没有形成良好的学习习惯。

第二，家长过分溺爱，对一切事情都包办，使学生养成了依赖他人的性格。

对待这类学生，教师要严格要求，培养其持久性和自制能力；同时，要创设一定的情境，让学生去面对困难，并帮助学生克服困难，培养学生克服困难的信心和勇气。

（四）智力缺陷型

这类学生在学习中的主要表现为反应迟钝、呆板，理解能力差，思维模式简单机械。究其原因，主要有以下两种：

第一，大脑生理发育不够完善，智力水平较低。

第二，在早期的学习或学校教育中受机械单调的教学方法的影响，形成了呆板的思维方式。

对待这类学生，教师更要富有爱心和耐心，绝不能嫌弃他们，可以放慢学习的进度，降低学习的要求，减少学习的负担，增加学习训练的重复次数；改变教学的方式，进而改变学生的思维方式，培养学生思维的灵活性和敏捷性。

（五）体质虚弱型

这类学生在学习的过程中表现为精神不振，不能坚持正常地学习。究其原因，是体质虚弱、经常生病，或患有慢性疾病等造成的。对待这类学生要从治疗疾病、增强体质入手。教师要改变教学的方式，加强课外辅导。

四、学生学习的指导

"教是为了不教"为了实现这一目标，教师必须教学生学会学习，必须加强对学生学习方法的指导。

（一）学生学习指导的原则

1.整体性原则

教学工作是一项系统工程，学生学习指导只有在教学改革的整体思想指导下，与教学内容、教学手段等方面的改革相适应，才能发挥应有的作用。

2.从实际出发原则

采取的学习方法应是与学生的学习目的、学习态度、学习习惯、学习能力等密切相关的。教师要在全面了解、认真研究每个学生的基础上，从学生的实际出发对学生进行学习指导。

3.学生主体原则

学生是学习的主体，教师的教学、家长的督促及其他学习条件的创造，都是外部的因素。充分发挥学生的主体性，调动学生学习的自觉性和主动性，变"要我学"为"我要学"是指导学生学习的一个关键问题。

（二）学生学习指导的过程

对学生学习进行指导，一般经历以下四个过程：

1.了解学情

了解学情是教师对学生进行学习指导的前提。了解学情，主要包括学生的学习基础、学习习惯、学习能力、学习水平、学习兴趣等内容，可以通过问卷调查、检查作业、考试检查、平时观察等方式进行。

2. 制订计划

在学情调查的基础上，明确指导的目标、方法、途径、时机等，制订合理的指导计划，并做好相应的准备。

3. 实施指导

将辅导计划付诸实施。

4. 反馈控制

指导一段时间后，把学习的进步情况与预期的目标进行对比，找出差距，再进行指导。

（三）学生学习指导的方法

1. 系统讲授法

这种方法是教师利用学法指导教材向学生系统地讲授学习方法。这种方法的具体做法是：将学法指导的讲授纳入教学计划，教师钻研教材、备课、授课，学生有教材、有笔记。这是目前进行学法指导最普遍的一种形式。这种方法的优点是教给学生系统的学法知识，使学生易于从理论上掌握学习方法；缺点是不能结合学生的实际，理论与实践相脱节，影响学法指导的效果。

2. 专题讨论法

这种方法是教师根据学生的需要，采取专题形式定期或不定期地举办学法指导讲座。规模可大可小，可以采用报告会、校报、学习专栏等形式。这种方法的优点是比较符合学生的实际学习情况，形式灵活，可以使学生学到某一方面比较丰富的知识；缺点是缺乏系统性。

3. 经验交流法

这种方法是学生之间通过自己的实践和对学习过程的反思总结自己的学习方法，相互交流经验，取长补短，改进自己的学习。这种方法不受时间、空间的限制，可以随时随地进行，而且结合学生的实际，容易被学生接受。但是，由于学生的经历和经验所限，很难从科学的高度加以总结概括，因此，教师要加以指导。

4. 学科渗透法

这种方法是教师结合学科进行学法指导，是教师经常使用且效果较好的一种方法。这种方法既结合学科特点，又结合学生的实际，讲起来言之有物，便于学生掌握。但是，这种方法要求教师既要对所教学科知识有坚实的基础，又要对学法知识掌握熟练。

5. 诊断治疗法

这种方法是教师运用心理诊断技术帮助学生具体分析影响学习效果的原因，并指出具体的解决方法。这种方法能很好地结合学生的实际，及时有效地解决学生学习中存在的问题。但是，这种方法只能对个别学生使用，且对教师的素质要求较高。

第四章 教育技术

第一节 教育技术的基本概念

一、教育技术的定义

教育技术的定义，各种文献中引用较多的有两种。一种是上海教育出版社1990年出版的《教育大辞典》，定义教育技术为："人类在教育活动中所采用的一切技术手段的总和，包括物化形态的技术和智能形态的技术两大类。"另一种是美国教育传播与技术学会（AECT）1994年发布的定义："教育（教学）技术是对学习过程和学习资源进行设计、开发、运用、管理和评估的理论与实践。"AECT04新定义表述教育技术是通过创造、使用、管理适当的技术性过程和资源，以促进学习和提高绩效的研究与符合伦理道德的实践。由定义可以看出，现代教育技术一方面更加强调现代的信息技术，比如计算机、多媒体、网络技术、人工智能、虚拟现实等新媒体技术的应用，另一方面现代教育技术并不忽视或抵制传统媒体技术的应用。

（一）教育技术广义的含义

"教育技术"一词作为一个专业术语，必须有一个明确的科学含义。广义的理解，教育技术就是"教育中的技术"，是指"人类在教育活动中采用的一切物质手段和指导有效使用这些物质手段的理论、方法与经验的总和。"它分为有形教育技术和无形教育技术两个层面。

（1）有形教育技术，也可称之为物化形态的教育技术，是指凝固和体现在有形的教学媒体中的科学技术。包括从黑板、粉笔、标本、书本、模型等传统教具到现代的幻灯、投影、广播、电视、电影、计算机、网络、卫星通信以及相应的教学软件等。有形教育技术包含人类在教育过程中应用的一切科学技术成果，是人类在教育活动中借助它进行信息传递、加工、处理、呈现的有效手段，是人类实现教育活动的物质基础。自从人类教育活动产生以来，就直接或间接地受到有形教育技术的支持，不管是古代的口耳之术、印刷技术、近代的直观技术，还是现代的电子技术、计算机技术、网络技术，它们都在不同的历史时期为教育活动的有效实施提供了物质条件。

（2）无形教育技术。无形教育技术也可被称为智能形态的教育技术，是指在教育实践中总结和概括出来的用以指导教育技术应用的策略和方法。它的特征是以理论知识为中心，包括技术应用原则、原理、策略和方法等。这些技术是无形的，是通过有形的技术形态即教育媒体表现出来的。无形教育技术是教育技术长期发展的结果，是对有形教育技术在教育实践中的规律性认识。因为，我们运用有形的教育技术进行教育活动，必然会考虑"如何使用""怎样才能用好"等问题。无形教育技术主要具有两个重要功能：

①为教育技术的具体实践提供理论指导。任何技术手段的教育应用都必须遵从教育规律，适合学生的学习特点。而且，任何教学媒体不会自动产生教育效果，只有教学媒体的使用者恰当地使用，教学媒体才会在教育过程中发挥最大功效，才能真正体现它的教育价值。②能够直接为教育技术的实践活动提供解决问题的策略和方法。不论是教学媒体理论，还是教学设计理论，都为教育过程中媒体的应用提供了理论指导，它在教育过程中发挥着重要的作用。

总之，教育技术的两个层面——有形教育技术和无形教育技术是相互影响、相互作用的，它们以有机整体的形式发挥着作用。有形技术是教育技术的依托，无形技术是教育技术的灵魂。纵观教育技术的发展历程，有形教育技术不断发展，新的教育媒体不断出现，无形教育技术也在不断地丰富和发展，形成了指导教育技术实践的教育视听理论、教育传播理论、教学媒体理论、教学设计理论等相关的基础理论。

（二）美国AECT的教育技术定义

美国教育传播与技术协会从1970年以后先后对教育技术进行定义，力求完整而准确地表达教育技术的内涵和外延，直到1994年美国教育传播与技术协会发表了巴巴拉·西尔斯与丽塔·里奇合写的专著《教育技术：领域的定义和范畴》。此书是在AECT的主持下，通过美国众多教育技术专家的积极参与，总结了美国教育技术界对教育技术的最新认识，在前几次定义的基础上，对教育技术进行了全新的定义。

教育技术是为了促进学习，对学习资源和学习过程进行设计、开发、利用、管理和评价的理论与实践。这是AECT1994年的定义，目前这一定义已被教育技术界的专家学者和实际工作者广泛承认，是教育技术的科学认识和精辟概述，符合当前教育技术发展的潮流，对我国教育技术的进一步发展具有重要的指导意义。这个定义明确地指出了教育技术的目的是促进学习，研究对象是学习资源和学习过程，研究领域是设计、开发、利用、管理和评价，教育技术是理论与实践相结合的综合性学科。

（1）AECT1994定义由四个部分构成：

①为了促进学习。教育技术的根本目的是促进学生的学习，而不是改进教学手段。它追求学习结果，而不是教学过程，教学只是促进学生学习的一种手段而不是目的。②关于学习资源和学习过程。学习资源和学习过程是教育技术研究和实践的对象。③关于设计、开发、利用、管理和评价。教育技术的研究范畴是学习资源和学习过程的设计、开发、利

用、管理和评价。④理论与实践。教育技术是理论与实践相结合的综合性学科。一个专业或学科必须有支持实践的基础知识。理论包括与知识体系有关的概念、理论架构和原理等。实践是指这些知识在解决问题上的应用。教育技术作为教育学科中的一个独立的学科，具有指导教师和学生有效的教与学、解决教育教学问题的完整的理论和方法论体系，具有自己特有的实践研究领域，它是在理论指导下的技术应用学科。

（2）AECT'2005 与 AECT'1994 的比较。

①关于术语。

1994——"教学技术"

2005——"教育技术"

②关于职能。

1994 五个职能范畴：设计、开发、利用、管理和评价。

2005 三个职能范畴：创设、利用、管理（更加强调实践特征）。

③关于绩效。绩效一词更多是用在企业培训领域，强调了学习的含义不单指获取知识，更要注重培养和提升能力。教育技术从强调资源、教学到学习，又转到强调绩效。

④关于理论与实践。

1994——theory and practice。

2005——study and ethical(合乎规范的)practice。

⑤关于过程和资源。2005 用 technological 对过程和资源进行限定，认为教育技术的技术性是教育技术区别于教育领域中其他过程或资源的根本所在，也强调了过程和资源的合适性。

二、教育技术的研究内容

（一）教育技术的研究对象

学习资源和学习过程是教育技术研究和实践的对象。

（1）学习资源。学习资源是支持学生学习的各种信息和环境条件。学习资源并非仅指用于学习过程的设备和材料，它还包括人员和设施等，可以说它包括了一切有助于学生有效学习的因素。学习资源一般具有五种形态：教学人员、教学材料、教学工具、教学设施和教学活动。

①教学人员，作为学习资源的人，是指那些组成学校教育系统的教职员工，如任课教师、教辅人员、学习伙伴、行政管理者等。②教学材料，是载有信息的学习资源。教科书、挂图、模型、教学软件都属于这一类。③教学工具，是指那些借以产生、传递和呈现教学信息的学习资源，作为学习资源的教学工具包括黑板、教具、器材等。④教学设施，是学生与其他学习资源发生相互作用的地方、场所或环境，主要有教室、图书馆、实验室、操场等。⑤教学活动，是指发挥其他学习资源作用的一些专门方法，包括讲授、演示、提问、

讨论、练习、实验、参观、实习等。

（2）学习过程，是学生获取知识、掌握技能和发展能力的自主认知过程，是一个包括输入、行为和输出的一系列操作或活动。换言之，学习过程是学生学习新知识、新技能的认知过程和陶冶情操、健全人格的发展过程。它既包括没有教师参与的学习过程，也包括教师参与的学习过程（又被称为教学过程），所以，更确切地说，这里的学习过程实际上是"学与教"的过程，或者说包括学习过程和教学过程两个方面。

（二）教育技术领域的范畴

AECT1994定义：教育技术的理论和实践分为五个范畴——设计、开发、利用、管理和评价。在AECT1994定义的结构图中每个范畴都列出了四个主要的子范畴，但这些并不是每个范畴的所有子范畴，其他一些子范畴，有的因为它的理论体系还不够完善，有的因为它们目前还不重要而没有列到这个结构图中来。

（1）设计范畴，包括学习过程的设计和学习资源的设计。在实践中主要是教学过程的设计，而把学习资源的设计整合到教学过程的设计之中。设计范畴至少包括四个理论与实践方面：教学系统设计、信息设计、教学策略和学生特征。

教学系统设计是一个包括分析、设计、开发、实施和评价教学各个步骤的有组织的过程。教学设计一般是要求充分考虑和前后一致的线性的、重复的过程。所有的步骤必须完成以起到平衡和检验的作用，这是过程的特征。在教学设计中，过程与产品一样重要，因为对产品的信任是建立在过程的基础上。信息设计涉及对信息的形态操作的计划。它包括注意、知觉和保持的基本原理。这些原理用于指导发送者和接受者之间交流的信息形态的具体设计。教学策略是对选择并安排某一课中的事件和活动的详细阐述。学生特征是指影响学习过程有效性的学生的经验背景的各个方面。

（2）开发范畴，基础是教学媒体的开发。开发就是把媒体设计方案转化为具体物理形式的过程。开发范畴包括设计、制作和发送的功能。这个范畴可根据媒体的制作技术分为四大类：印刷技术、视听技术、基于计算机的技术和整合技术。

印刷技术是主要通过机械或照相印刷过程制作或发送教学材料（如书和静态视觉材料）的方法。印刷技术包括文本、图形和照片等形式的显示和复制。这种技术的两个组成部分是文本材料和视觉材料。这两类教学材料的开发，在很大程度上依赖于有关视觉、阅读、人的信息加工过程的理论以及学习理论。最古老的并且仍然是最普遍的教学材料，是以教科书的形式出现的。

视听技术（音像技术）是通过机械或电子设备来制作或发送教学材料以呈现听觉和视觉信息的方法。典型的视听技术将电影片、幻灯片和投影片等材料投射显示。电视技术代表了一种独特的技术，因为它是从视听技术通向基于计算机技术和整合技术的桥梁。

基于计算机的技术是利用基于微处理器的资源来制作和发送教学材料的方法。基于计算机的技术区别于其他技术，是因为信息是以数字数据而不是以印刷或视觉的形式电子化地储存。基于计算机的技术使用屏幕显示向学生呈现信息。各种类型的计算机应用通称为基于计算机的教学（CBI）、计算机辅助教学（CAI）或计算机管理教学（CMI）。整合技术是在计算机控制下的几种媒体形式的教学材料的制作和发送的方法。

（3）利用范畴。利用就是使用学习资源和学习过程以促进学习的活动。利用描述了学生与教学材料和系统的相互联系。这个范畴要求系统地使用、传播、推广、实施和制度化。

它受到政策和法规的限制。它的四个子范畴是：媒体利用、革新推广、事实和制度化以及政策和法规。

媒体利用是对学习资源的系统使用。媒体利用过程是依据教学设计方案进行决策的过程。例如，如何在教学中引入一部电影，或开展与学习类型相适合的后续活动。利用的原则还与学生特征有关。学生为了从教学实践或资源中受益，可能需要视觉技能或言语技能的帮助。

革新推广是为了使革新能被采纳而通过有计划的策略进行传播的过程。实施是在实际的环境中使用教学材料或策略。制度化是在一个组织的结构和文化中对教学革新成果的持续、常规地使用。实施的目的是确保组织中的个人对革新的成果合理使用，而制度化的目的是将革新整合到组织的结构和生活中。过去大规模的教育技术项目失败（如学校中的计算机和教育电视）的经验告诉我们，应强调同时为个人和组织的改革进行计划的重要性。政策和法规是影响教育技术的推广和使用的组织的规则和行为。

（4）管理范畴，是教育技术领域不可缺少的一部分，也是许多教育工作者应尽的职责。这个范畴最早是从对媒体中心、项目计划和服务管理中演变而来的。这里的管理指的是通过计划、组织、协调和监督来控制教育技术。它的子范畴包括：项目管理、资源管理、传播系统管理和信息管理。

项目管理是指计划、监督和控制教学设计和开发项目。资源管理是指计划、监督和控制资源支持系统和服务。传播系统管理包括计划、监督和控制教学材料分发的方法与向学生呈现教学信息的媒体和使用的方法。信息管理包括计划、监督和控制信息的存储、转换或处理，目的是为教与学提供资源。

（5）评价范畴。评价就是确定教学和学习是否合格的过程。评价从问题分析开始，这在教学开发和评价中是一个重要的前端步骤，因为目标和约束条件都要在这个步骤中阐明。评价范畴包括：问题分析、标准参照测量、形成性评价和总结性评价。

问题分析是指使用信息搜集和决策策略确定问题的本质和范围。标准参照测量是确定学生对预定内容掌握程度的技术。标准参照测量也被称为内容参照测量或目标参照测量，它提供了关于个人对与目标有关的知识、态度或技能的掌握程度方面的信息。标准参照测量使学生知道相对于标准来说，他们做得怎么样。标准参照测量可以确定主要目标是否已达到。形成性评价包括搜集达标方面的信息，并使用这些信息作为进一步发展的基础。总结性评价包括搜集达标方面的信息和使用这些信息来做出的决策。关于形成性评价和总结性评价之间的区别，斯泰克有一句很好的比喻："当厨师品尝汤时，那是形成性评价；当客人品尝汤时,那就是总结性评价。"

基于我国的实际情况,教育技术的研究范围或领域主要包括以下方面。

①教育技术基础理论包括教育技术学科性质、任务、概念、研究方法与相关学科的关系等。②视听教育的理论与技术包括各种常规视听媒体的教育功能和组合应用技术研究,各种常规视听教材的设计、制作、评价、使用技术研究,以及运用视听媒体的各种教育模式优化教学过程、提高教学质量和教学效果的理论与实践研究。③计算机辅助教育的理论与技术包括计算机辅助教学和计算机管理教学,多媒体教学软件的开发和教学系统的设计等。④教学设计与教学评价的理论与技术。⑤远程教育的理论与技术包括远程教育的形式、特点、组织、实施与管理,以及网络建设、网络课程开发与网络教学等。⑥教育技术管理的理论与技术包括硬件设备和软件资料的管理方法,以及与学科有关的方针、政策、组织机构和职能、专业设置等。⑦信息技术与学科教学整合的研究,运用现代教育技术构建新型教育/教学模式的研究等。⑧信息化学习资源与教学模式的开发、设计和应用研究。信息化学习资源与教学模式的开发、设计和应用研究。⑨新技术、新方法和新思想在教育中的应用:包括网络新技术、人工智能技术、虚拟现实技术等现代信息技术应用于教育的研究、开发与应用等。

(三)教育技术与现代教育技术

1. 教育技术与信息技术

信息技术是指能够完成信息的获取、传递、加工、再生和使用等功能的技术,它有着自己的发展历程,而不是凭空出现的时代产物。现代信息技术是一门综合性很强的技术,它以计算机、电子、通信、自动化和光电等技术为基础,是产生、存储、转换和加工图像、文字、声音及数字信息的一切现代技术的总称。信息技术渗透于人类社会各个领域和国民经济的各个部门,影响无所不在。教育技术在发展过程中,技术基础不断更新,为教育技术的发展提供了有力的支撑。当某种技术成为教育中的主导技术时,一个新的教育技术时代就来临了。

如今,以计算机技术为核心的信息技术成为教育中的主导技术,计算机多媒体技术、网络通信技术、人工智能技术与虚拟现实技术等新技术已广泛应用于教育教学中,各种新的教学模式和教学方法的出现,如基于网络的探究性学习等,极大地促进了教育信息化,深化了教育教学改革,同时也促进了教育技术的新发展。

2. 教育技术与现代教育技术

教育技术产生于教育发生的第一天。至今人类积累了大量的、各种各样的教育技术,形成了一个包括语言技术、直观技术、媒体技术和系统技术在内的教育技术体系。语言技术和直观技术被称为传统教育技术;媒体技术和系统技术被称为现代教育技术。另一种观点就是,"现代教育技术"是以计算机技术为核心的现代信息技术在教育、教学中的运用,它是20世纪90年代以后在国内被大量使用的一个术语,目前人们逐渐习惯于使用"现代教育技术"概念,这也使得教育技术带有了更加强烈的现代化、信息化色彩。

3. 电化教育与视听教育

视听教育内容和范围非常广泛，凡是运用照片、图表、模型、标本、仪器、幻灯、投影、录音、广播、电影、电视等视听工具进行教育、教学活动，以及直接由视听获得知识的教育、教学活动，如参观、旅行、表演、展览、实验、实习等，都属于视听教育的内容。电化教育的内容没有那么广泛。所谓电化教育，就是指运用现代化的声、光、电设备进行教育、教学活动。具体地说，就是指利用幻灯、投影、电影、广播、录音、录像、电视、语言实验室等进行教育、教学活动，以提高学习效率，扩大教育规模。

4. 电化教育与教育技术

教育技术作为一个新兴的实践与研究领域，在我国是以电化教育的出现为标志的。电化教育的出现和发展形成了我国教育技术史上一个重要的历史阶段。它的推行给我国的教育改革带来了生气，为实现教育现代化注入了活力，对整个教育事业的发展产生了积极的作用和广泛的影响。20世纪80年代后期，随着国外教育技术理论的不断引入，以系统方法为核心的教育技术，在理论概念、指导思想、研究方法等方面对我国电教界产生了广泛而深刻的影响，电教工作者开始用新的观点来认识自己所从事的这个领域。一系列新的变化随之在电化教育中出现。如学校电化教学重心的转移、教育技术著作的问世、学科专业名称的改变等，反映了我国电教界对教育技术发展的新思考，标志着我国的电化教育开始向教育技术转变。由此可以看出，我国的教育技术是电化教育的继承和新的发展。

5. 信息化教育与教育信息化

20世纪90年代以来，以计算机技术、网络技术和现代通信技术为基础的信息技术得到迅速发展，人类社会进入了信息时代。教育界出现了以信息技术的广泛应用为特征的发展趋势，国内学者称之为教育信息化。还有一个与之相类似的名词"信息化教育"，但这两个名词在语义上是有区别的。所谓信息化教育，是指以现代信息技术为基础的教育形态。教育信息化是指在教育领域全面深入地运用现代信息技术来促进教育改革和教育发展的过程，其结果必然是形成一种全新的教育形态——信息化教育。也就是说，我们通常把教育信息化看作追求信息化教育的过程。信息化教育的主要特征，是在教学过程中广泛地应用信息技术。技术层面上表现为数字化、多媒化、网络化、智能化；教育层面上表现为教材多媒体化、资源全球化、教学个性化、学习自主化、任务合作化、环境虚拟化等特征。

第二节 教育技术学理论基础

教育技术是为了促进学习，对学习资源和学习过程进行设计、开发、利用、管理和评价的理论学习与实践。它以教学理论、学习理论和传播理论为理论基础，运用系统方法分析和确定教育、教学问题，寻找解决问题的策略、手段和方法，从而获得最优化的教学效果。它是连接教育、教学理论和教育、教学实践的桥梁。

一、学与教的理论

学习理论是探究人类学习的本质及其形成机制的心理学理论。它重点研究学习的性质、过程、动机以及方法和策略等,试图解释学习是如何发生的?它有哪些规律?如何才能进行有效的学习?由于学习过程的复杂性,到目前为止还没有一种学习理论能与所有的学习情况相吻合,心理学家从不同的角度对其进行研究,产生了各种不同的学习理论流派,这些不同的理论各有特点并相互补充,适用于各种不同的情形,为我们提供了探讨学习中基本问题的不同视角,使之有可能较为全面地理解学习的性质、条件和规律,从而为教学理论和实践提供科学的基础。教学理论以学习理论为基础,依据人的学习过程来研究如何教的问题。学习理论为教学的一般原理提供了最切实的起点,一种有效的教学理论必须建立在有关的学习理论的基础之上。

(一)行为主义学习理论

行为主义学习理论是 20 世纪 20 年代在美国产生的,60 年代以前一直是作为占统治和主导地位的心理学派而存在的。代表人物有巴甫洛夫、华生、桑代克和斯金纳等。

1.行为主义理论的基本观点

行为主义心理学的主要观点为:学习是一个刺激和反应(S—R)的联结过程,主张将人的外显行为作为研究对象,反对内省,认为行为多次的愉快或痛苦后果改变学生的个体行为,或使学生模仿他人的行为。因此,他们重视环境在个体学习中的重要性,强调对刺激和反应的联结。巴甫洛夫是最早提出经典性条件反射的人。他认为一个原来是中性的刺激(如铃声)与一个原来就能引起某种反应的刺激(如狗看到食物会分泌唾液这一现象中的食物)相结合,使个体学会对该中性刺激做出反应(如狗听到铃声就会分泌唾液),这就是经典性条件反射。经典性条件反射理论可以用来解释人们的许多行为。华生用巴甫洛夫的经典性条件反射理论来解释人类的学习,他认为人们的学习就是一种刺激代替另一种刺激建立相应的条件反射的过程。

桑代克的联结主义学习理论认为,学习的实质在于形成刺激—反应联结,学习的过程就是盲目的尝试与错误的渐进过程,学习要遵循三条重要的学习原则。

(1)准备律:学生在学习开始时的准备情况将影响学习的效果。

(2)练习律:有奖励的练习能够增强刺激—反应联结。

(3)效果律:行为的后果能够影响行为是增强还是减弱。

斯金纳是对当今心理学影响最大、最重要的新行为主义的代表,他提出了著名的操作性条件反射理论。斯金纳认为有机体的行为分为两类:应答性行为和控制性行为。这两种行为具有不同的条件作用形成机制,分别为巴甫洛夫的经典性条件反射和操作性条件反射。人类的大多数行为都是操作性行为。斯金纳在操作条件作用理论中提出了强化原则。如果一个操作发生后,接着给予一个强化刺激,那么其强度就增加;如果在一个已经通过条件而增强的操作性活动之后，没有强化刺激物出现，它的力量就会被削弱。斯金纳认为，强化物一般分为两类，一类是积极强化物，另一类是消极强化物。如果两类强化物的出现与消失，都是由个体的有效反应所致，说明个体自己行为的后果将决定其以后的行为。斯金纳认为在多种强化实施方式中，立即强化（即个体表现正确反应后，立即提供强化物）优于延缓强化（即个体表现正确反应后，过一段时间才提供强化物）；部分强化（即仅选择在部分正确反应后，提供强化物）优于连续强化（即每次个体出现正确反应后，均提供强化物）。斯金纳创立了操作性条件作用学说和强化理论，并将其应用于人类学习的研究，提出程序教学的概念，总结了一系列的教学原则，如小步调教学原则、强化学习原则、及时强化原则等，形成了程序教学理论，为后来的计算机辅助教学奠定了理论基础。

2.行为主义理论对教育技术的影响

由于行为主义主要通过可观察的行为来描述普遍的行为规律，因而行为主义理论理解起来较为简单。正强化和负强化技巧在实践中往往都十分有效，不管是对动物，还是对人类行为失调（如孤独症和反社会行为）。在教学过程中，教师常常运用行为主义原理来奖励或惩罚学生。行为主义学派曾经在心理学领域占据统治地位，并在教育领域有极大的影响。程序教学的学习原则和开发程序教材的系统方法也直接影响了教学设计理论与实践的发展。

（二）认知主义学习理论

自从20世纪60年代以后，随着人们对脑科学的进一步研究，认知主义学习理论逐步取得了主导地位。与行为主义学习理论注重对学生外显行为的研究不同，认知学习理论强调对人类学习的内部过程进行研究，它把知觉、表象、记忆等基本内部过程作为研究对象，而且把决策、策略等高级心理活动纳入研究范围，十分重视主体的内部逻辑结构。认知主义学习理论偏重于知识的获得、概念的形成、认知结构的组织和问题的解决等方面。认知主义学习理论的主要观点为：学习不是外部刺激—反应的联结，而是内部心理结构的变化，是学生内部心理表征的形成和发展。学生在学习过程中具有主动性，学习应该积极作用于环境，而不是外界环境引起的行为变化。

认知主义学习理论起源于格式塔心理学，其中，皮亚杰（J·Piaget）的认知学习理论、布鲁纳（J·Bruner）的认知发现学习理论和奥苏贝尔（D·Ausubel）的有意义学习理论等就是代表。

1.皮亚杰的认知学习理论

瑞士心理学家皮亚杰认为学习是认知结构的获得和建构新的认知结构。决定学习的因素，既不是外部因素，也不是内部因素，而是主体和环境之间的相互作用来建构新的认知结构。他将行为主义的S—R公式发展为S—AT—R，公式中A表示认知同化，T代表主体的认知结构，认为刺激是被纳入同化结构而引起的反应。这个理论强调认知过程中主体的能动作用，强调新知识与以前形成的知识结构相互联系的过程，表明只有学生积极主动地把外部刺激与原有知识相结合，才能收到理想的学习效果。

2. 布鲁纳的认知发现学习理论

美国心理学家布鲁纳于20世纪60年代提出"认知发现说"。他认为，人的认知活动是按照一定阶段的顺序形成和发展的心理结构来进行的，这就是认知结构。学生通过把新的信息和以前形成的心理框架联系起来，建构自己的知识。布鲁纳提倡发现学习，旨在使学生尽量在轻松自由的气氛中，自行发现事物与情境之间的关系。他一再强调，学生要学习的不是事实材料与孤立内容的记忆，而是适合于学生认知发展水平的学科基本结构，或基本概念和基本原理，主张让学生自己去发现"意义"，成为问题的解决者。

3. 奥苏贝尔的有意义学习理论

奥苏贝尔也认为学习是认知结构的组织与重新组织，强调已有的知识经验的作用，强调学习材料本身的内在逻辑结构。奥苏贝尔提倡有意义学习的理论。所谓有意义学习理论的实质就是，符号所代表的新知识与学生认知结构中已有的相关知识建立起非人为的和本质性的联系，即非任意性的、非字面上的联系；也就是说，这种联系不能是一种牵强附会的或逐字逐句的，而应是实质性的联系。他认为，学习变化的实质在于有内在逻辑结构的教材与学生原有的认知结构产生相互联系，新旧知识发生相互作用，新材料在学生头脑中获得了新意义。奥苏贝尔一方面把学习区分为接受学习和发现学习，另一方面又把学习分为机械学习和有意义学习，然后得出四个结合体：机械发现学习、机械接受学习、有意义的发现学习和有意义的接受学习。奥苏贝尔认为，学校主要应采用有意义的接受学习，附以有意义的发现学习。

4. 认知主义学习理论对教育技术的影响

认知主义学习理论阐述了学习的内部心理过程，成为各种教学理论的基础，对教育技术中的教学设计产生了巨大影响。教学设计中的学习任务分析、学生分析、教学策略制定等都离不开认知主义学习理论对学习规律的描述。根据认知主义学习理论，不少专家还提出了相关指导教学设计的原则。认知主义学习理论还促进了计算机辅助教学向智能教学系统的转化，通过对人类思维过程和特征的研究，建立起人类认知思维活动的模型，使得计算机能够在一定程度上完成人类教学专家的工作。

（三）建构主义学习理论

建构主义是学习理论中行为主义发展到认知主义以后的进一步发展。建构主义认为，世界是客观的，但是对世界的理解和赋予的意义却由每个人自己决定。人类是以自己的经验为基础来建构或解释现实，人类的个人世界是用自己的头脑创建的，由于各自的经验以及对经验的信念不同，因此对外部世界的理解也不同。因而，建构主义更关注如何以原有的经验、心理结构和信念为基础来建构知识，强调学习的主动性、社会性和情境性。

1. 建构主义学习理论的基本观点

（1）学习是学生主动地建构内部心理表征的过程，它不仅包括结构性知识，而且包括大量非结构性的经验背景。学习是建构内在的心理表征过程，学生并不是把知识从外界搬到记忆中，而是以已有的经验为基础，通过与外界的相互作用来建构新的理解。学习要建构关于事物及其过程的表征，但并不是外界的直接翻版，而是通过已有的认知结构（包括原有知识经验和认知策略）对新信息进行加工而建构成的。

（2）学习过程同时包含两方面的建构：一是对新信息的理解是通过运用已有经验，超越所提供的信息而建构成的；二是从记忆系统中提取的信息本身，也要按具体情况进行建构，而不单是提取。建构一方面是对新信息的意义的建构，同时又包含对原有经验的改造和重组，这与皮亚杰关于通过同化和顺应实现双向建构的观点是一致的。建构主义者用这种建构来解释学习，说明了在知识技能的获得和运用中的建构，而且对于后一种建构给予了更高的重视。他们强调，学生在学习过程中并不仅是发展供日后提取出来用以指导活动的图式或命题网络，而且，他们形成的对概念的理解是丰富的、有着经验背景的，在面临新的情境时，能够灵活地建构起用于指导活动的图式。

（3）学生以自己的方式建构对事物的理解，结果是不同人看到的是事物的不同方面，不存在唯一标准的理解。但是，通过学生的合作可以使理解更加丰富和全面。传统教学认为，通过字词就可以将观念、概念甚至整个知识体系由说话者传递给听话者，其实这是一种误解。建构主义者认为，事物的意义并非完全独立存在，而是源于人们的建构。每个人都以自己的方式理解事物的某些方面，教学要增进学生之间的合作，使他们看到那些与他们不同观点的基础。因此，合作学习受到建构主义者的广泛重视。

（4）情境、协作、会话、意义建构是学习环境的四大要素。

①情境：学习环境中的情境必须有利于学生对所学内容的意义建构。也就是说，情境创设是教学设计最重要的内容之一。②协作：协作贯穿学习过程的始终。它对学习资料的收集与分析、假设的提出与验证、学习成果的评价直至意义的最终建构均有重要的作用。③会话：学习小组成员通过会话，商讨如何完成规定的学习任务；每个学生的思维成果（智慧）为整个学习群体所共享。④意义建构：在学习过程中所要建构的意义是指帮助学生对当前学习内容反映的事物性质、规律以及事物之间的内在联系拥有较深刻的理解，而这种理解在大脑中的长期储存形式就是关于当前所学内容的认知结构。

2. 建构主义学习理论对教育技术的影响

在认知主义学习理论指导下，教学设计基本上是以线性的方式进行的。而建构主义理论为教学设计提供了非线性、网络化的设计思想，从而更符合人类的学习特征。教育技术能够有效地提供各种教学环境，这便于学生对新知识的意义建构。事实上，以多媒体技术为基础的计算机辅助教学和网络教学，都得到建构主义学习理论的强有力支持，使得这类教学形式做到以学生为中心，进行自主学习，从而实现教学最优化。建构主义重视教学中教师与学生、学生与学生之间的社会性相互作用，合作学习、交互式教学在建构主义的教学中广为应用。这也为基于网络的协作学习提供了理论基础。

(四)教学理论简要介绍

1. 布鲁纳的"认知—发现"教学理论

发现学习是著名心理学家、教育家布鲁纳倡导的教学模式。发现学习是指让学生通过自己经历知识发现的过程来获取知识、发展探究能力的学习和教学模式,它所强调的是学生的探究过程,而不是现有知识。教师的主要任务不是向学生传授知识,而是为学生的发现活动创造条件、提供支持。

(1)理论依据。发现学习的理论依据是布鲁纳的认知结构学习理论。他认为:"教学生学习任何科目,绝不是向学生心灵中灌输些固定的知识,而是启发学生主动求取知识与组织知识。教师不能把学生教成一个活动的书橱,而是教学生思维方式;教他学习如何像历史学家研究分析史料那样,在求知过程中组织属于他自己的知识。因此,求知是自主性的活动过程,而非只是被动地承受前人研究的成果。"所谓发现,当然不只限于发现人类尚未知晓的事物,主要是学生的"再发现"。

(2)教学程序。发现学习的基本过程是让学生通过对具体事例的归纳来获得一般法则,并用它来解决新的问题。大致步骤包括:①问题情境:教师设置问题情境,提供有助于形成概括结论的实例,让学生对现象进行观察分析,逐渐缩小观察范围,将注意力集中在某些要点上。②假设—检验:让学生提出假说,并加以验证,得出概括性结论。通过分析、比较,对各种信息进行转换和组合,以形成假说。而后通过思考讨论,以事实为依据对假说进行检验和修正,直至得出正确的结论,并对自己的发现过程进行反思和概括。③整合与应用:将新发现的知识与原有的知识联系起来,纳入到认知结构的适当位置。运用新知识解决有关的问题,促进知识的巩固和灵活迁移。

(3)评价。布鲁纳的"认知—发现"教学模式一方面关注学生对基本概念和原理的提取、应用,同时关注学生在发展过程中的思维策略,关注探究能力和内在动机的发展。这种教学模式有利于培养学生的探索能力和学习兴趣,有利于知识的保持和应用。但是,这种学习往往需要更多的时间,效率较低;另外,它对学生的要求较高,且主要适用于理科的教学。

2. 奥苏贝尔的讲解式教学理论

奥苏贝尔认为有意义的讲解式教学应该是课堂教学的基本形式。讲解式教学是和有意义接受学习相对应的一种教学方法。教师大都运用这种教学方法来传授文化科学知识,学生则在这种教学形式中采用接受学习的方式获得科学文化知识。奥苏贝尔还反对把传统的接受学习和机械学习画等号,发现学习与有意义学习画等号的观念,认为与讲解式教学相应的接受学习照样可以是有意义的学习,讲解式教学若运用得好,就会成为一种经济、高效的教学方式。奥苏贝尔所倡导的讲解式教学主要有四个特点:第一,要求师生进行大量的相互作用。教师在呈现教材的同时,必须引起学生的思考反应。第二,大量地运用例子。这种教学虽然强调有意义的语言学习材料,但也可以用图画、图解或图片辅助教学。第三,这种教学是演绎式的。教学首先呈现最一般的包容面广的上位概念,其次从其中推演出较具体的下位概念。第四，它有一定的程序。教材的呈现必须遵循某些步骤，尤其是先要呈现一个先行组织者，然后再把下位的内容逐一呈现出来。

（1）理论依据。奥苏贝尔同大多数认知心理学家一样，认为人的认识过程往往是先认识事物的一般属性，然后在这种一般认识的基础上，逐步认识具体细节。据此，他要求学校的教学顺序也应遵循人的认识的自然顺序，先呈现概念性的组织者，以便学生认知结构中形成同化新的下位知识的框架。然后呈现具体材料，使学生的认知结构从一般到个别，不断分化。同时也应注意知识的横向联系，使之达到融会贯通。

（2）教学程序。为了促进有意义的接受学习，教学可以采用的大致步骤是：①呈现先行组织者，即为了促进学生对新知识的理解，在学习之前先让学生学习有关的比新知识包摄性更广、更清晰、更稳定的引导性材料，作为新知识与原有认知结构之间的联系桥梁，同时使学生确立有意义学习的方向。②呈现学习内容：通过讲解、讨论、录像、作业等形式让学生接触新的学习材料或任务，学习材料的呈现必须逻辑清晰，让学生能很容易地把握各个概念、原理之间的关联性。另外，教师要注意集中和维持学生的注意力，使学生明确了解学习材料的组织形式，对整个学习过程有明确的方向感。③知识的整合协调：帮助学生把新信息纳入自己的认知结构之中。教师可以提醒学生注意每个要点与整体知识结构的关系；向学生提问，以了解他们是否理解了学习内容；鼓励学生提出问题，从而使他们的理解能够超越所呈现的信息。④应用：应用所学的知识来解决有关的问题。

（3）评价。讲解式教学模式有助于学生在有限的时间内掌握系统的知识，而且在实施上经济、可行。但是，这种模式不利于对具体经验有较大依赖性的学习内容，而且不利于培养学生的探究能力和创造精神。

3. 维果斯基的最近发展区理论

苏联心理学家维果斯基从种系和个体发展的角度分析了个体心理发展的实质，提出了心理发展的文化历史观。他认为心理发展的实质就是在环境与教育的影响下，个体心理在低级心理机能的基础上逐渐向高级心理机能转化的过程。所谓低级心理机能是指作为动物的基本知觉加工和自动化过程，是个体早期以直接的方式与外部相互作用时表现出来的特征。所谓高级心理机能是指以符号系统为中介的记忆、语言和思维等，是人在与社会交互作用中发展起来的，是各种活动、社会性相互作用不断内化的结果。在教育与发展的关系中，维果斯基提出了"最近发展区"的思想。维果斯基认为，儿童的发展有两种水平，一种是儿童现有的发展水平，另一种是指在有指导的情况下借助他人的帮助可以达到的较高水平。这两者之间的差距，就是"最近发展区"。教学一方面要适应儿童的现有水平，但更重要的是发挥教学对发展的主导作用，使教学走在儿童现有发展水平的前面，从而带动儿童的发展。根据最近发展区的思想，在教学中首先要了解儿童现有的发展水平，即儿童能够独立完成学习任务的水平，以及经过教师或有能力的同伴的帮助可能达到的水平，以确定儿童的最近发展区，其次根据最近发展区组织教学活动。教学的作用表现在两个方面，一方面它决定着儿童发展的内容、水平、速度等，另一方面也创造着最近发展区。因为儿童的两种水平之间的差距是动态的,所以它取决于教学如何帮助儿童掌握知识并促进其内化。教学不等同于发展,也不可能立竿见影地决定发展。但如果从教学内容到教学方法上都不仅考虑儿童现有的发展水平,而且能根据儿童的最近发展区给儿童提出更高的发展要求,这更利于儿童的发展。

4. 赞可夫的教学与发展的教改实验

从 20 世纪 40 年代至 50 年代在苏联占统治地位的是凯洛夫(Н·А·Каиров)主编的《教育学》中阐述的教学思想。它是以传授知识、技能和技巧为核心而建立起来的教学论体系,这一体系在知识的传授和学校有效教学常规的建立上具有重要的意义,但它在许多方面仍不完善。凯洛夫在《教育学》中将教学与发展等同起来,认为掌握了知识、技能,就会自然而然地促进认知能力和才能的发展,最终在教学实践中表现为教学凌驾于发展之上,培养出来的学生"高分低能"。赞科夫(Л·В·ЗаНКоВ)认为造成这一现象的最根本原因是没有处理好"教学与发展"的关系,遂将教学新体系研究的重点定位在"教学与发展"的相互关系上。

(1)赞科夫发展教学理论的基本观点。

①"要以最好的教学效果来促进学生的一般发展",即要把一般发展作为教学的出发点和归宿。所谓"一般发展",是指儿童个性的发展,包括智力、情感和意志等方面的发展。赞科夫要求教学同时完成两种任务,既在掌握知识和技能、技巧方面达到高质量,又在学生的发展上取得重大进步。

②"只有当教学走在发展前面的时候,才是最好的教学",赞科夫根据维果斯基"最近发展区"的思想,提出要把教学目标确定在学生的"最近发展区"之内,教学的任务就是创造"最近发展区",使"最近发展区"能转化到"现有发展水平"的范围之内。

(2)发展教学理论的教学原则。

①以高难度进行教学的原则。

②以高速度进行教学的原则。

③理论知识起主导作用的原则。

④使学生理解学习过程的原则。

⑤使全班学生(包括差生)都得到发展的原则。

5. 布卢姆的掌握学习教学模式

掌握学习是美国心理学家、教育学家布卢姆提出的。他认为,只要用于学习的有效时间足够长,所有的学生都能达到课程目标所规定的掌握标准。所以,在集体教学中,教师要为学生提供经常、及时的反馈以及个别化的帮助,给予他们需要的学习时间,让他们都达到课程的目标要求。

(1)理论依据。在传统教学中,教师在教学的开始常常怀有这样的预想:大约三分之一的学生将学得很好,三分之一的学生可能学得不够好,而另外三分之一则会是中等生。这样的观念认为,学生学习成绩的好坏取决于学生学习能力的高低,能力低的学生注定会成为学习中的差生。布卢姆通过研究发现,只要有适合学生特点的学习条件,几乎所有的学生能学好。现实中出现的学习上的个别差异,是该学生所需要的学习时间与实际学习时间量的差异造成的,学生的学习是否成功,关键在于其是否接受了理想的教学,是否得到必要的学习时间。用函数表示,即:学习达成度=f(实际学习时间/必要学习时间)。因此,教师要为所有学生创造适当的学习条件以帮助他们达到掌握的程度。

(2)教学程序。掌握学习模式的一般程序为:①诊断性评价,测查学生现有的水平,明确教学目标。②实施集体教学。掌握学习的教学模式是试图达到集体教学个别化的教学模式,其设想是在不影响传统班级集体授课制的前提下,使绝大多数学生达到优良的成绩,所以课堂教学仍采用通常的集体授课形式。③针对所学的单元进行形成性测验,调查学生的进步情况和存在的问题。④让已经掌握的学生进行巩固性、扩展性的学习,对未掌握的学生进行帮助和矫正,再次测验,直至达到掌握目标,掌握正确率达到80%以上即为通过。⑤进入下一单元的学习。在一个学期结束或几个章节全部内容学习完后进行总结性评价。

(3)评价。首先,掌握教学是一种有关教与学的乐观主义教学理论,是一种极为乐观的学生观。它主张教师能帮助所有的学生很好地学习,学生的最终成绩分布是负偏态的,大多数分数将会集中在高分的一端。这种教学模式强调把诊断性评价、形成性评价和总结性评价结合起来,而且在评价学生时提倡用绝对标准,即按照每个学生达到目标的情况进行评价,而不是给学生排名次。掌握学习强调的是因材施教,帮助大多数学生达到课程目标所规定的掌握标准。另外,这种教学模式不是从根本上改变学校和班级的组织,因此在世界上许多国家都得到广泛的应用。当然,这种学习模式对于成绩较差或一般的学生更为有利,但对于优等生来说则并不太适合。

6. 巴班斯基的教学过程最优化理论

巴班斯基,运用辩证唯物主义方法对教学过程进行了系统的分析,认为"教学过程最优化"指的是:"在全面考虑教学规律、原则、现代教学的形式和方法,以及该系统的特征及其内外部条件的基础上,组织对教学过程的控制,以保证过程(在最优化的范围内)发挥从一定标准来看最有效的作用。"更具体地说,可以把教学过程最优化理解为"教师有目的地选择一种教学过程的最佳方案,可以使师生耗费最少的必要时间和精力而收到最佳效果。"巴班斯基认为,"教学过程最优化"并不是某种特别的教学方法或方式,而是教师在教学规律和原则的基础上,有针对性地安排教育教学过程,自觉地、科学地(而不是自发地、偶然地)选择具体条件下课堂教学和整个教学过程的最好方案。这个教学方案的实质,在于运用综合性观点,调动和创设有利于发挥教学最优功能的各种因素,克服不利因素,尽力做到以较经济的时间和精力取得对该条件来说最佳的效果,从而形成了以合理组织教学过程的最佳方案为手段,实现最优效果为目标的"最优化教学模式"。巴班斯基认为,教学过程达到最优化有两个基本标准:其一是效果与质量的标准,这是指在具体的条件下,尽可能发挥最高的效率,使学生获得最大的发展;其二是时间标准,即教师和学生必须在尽可能少的时间内去完成教学的要求。最优化的效果,一般来说,不是最理想的效果。最理想的效果是所有的学生学习成绩都优秀，他们的智力发展和品格修养都达到最高水平。而最优化的效果只是在下列情况下是最好的：

（1）对该具体条件和教师的可能性来说。

（2）在该阶段，即考虑到学生的实际水平。

（3）从学生特点及实际可能性出发。

（4）考虑到具体教师现有的技能、技巧和特点等。

由此可见，对于每一个教学集体来说都应该有自己的最优化效果。可见，"最优化"的概念是相对的。

7. 范例教学论

范例教学于20世纪50年代出现于德国，它强调按照思维的规律，从典型示例学习入手逐步形成对一般规律的理解。精心选择教材中的范例材料，先让学生认识个别示例，再让学生辨别这个示例属于哪个类别，这类事物的一般规律是什么，从个别到一般，掌握规律性的知识和技能。这是一种归纳型的教学模式。

（1）理论依据。范例教学论的代表人物、德国的瓦根舍因认为，传统教学仅仅是让学生掌握一大堆所谓系统性的材料。结果，学生脑子里充满了一大堆杂乱的材料而无一种能够统领全局的概括性概念和方法论概念。这样，教学材料越多，教学过程就越肤浅，学生的负担也就越重。与其草率地教授很多东西，不如在一点上集中深入。所以，教学中最应该做的是让学生掌握那些最深刻的东西，从各方面观察它、掌握它，让知识在活跃的内心活动中发展起来。要引发学生内在的追根问底的求知欲，让学生通过思维去创造这些知识，经历科学知识的探索历程。因此，在教学中教师不应只是将一个学科的所有成果集中起来教给学生，而是让学生通过对典型的事例的钻研分析来学习该学科的知识和方法论体系。只要能够对范例进行正确的选择，对范例进行透彻的研究，那学生最终所掌握的就不仅仅是一个个的例子，而是能够扩展到整体的方法。

（2）教学程序。范例教学的一般程序是：①运用范例阐明"个"的阶段。对作为范例的个别事物进行分析解释，通过个别事物的典型特征来说明整体。以南俄罗斯草原的防风林为特例，以具体直观（挂图、幻灯或教学电影等）的方法提出防风林地带的问题。②阐明"类"的阶段。通过对上一阶段"个"的认识成果进行归类、推理，使学生认识这一类事物的普遍特征，其目的在于使学生从"个"的学习迁移到"类"的学习中，掌握同一类事物的普遍特征。③掌握规律的阶段。要求通过前两个阶段所获得的认识，提升到对规律性的认识，其目的在于使学生掌握事物发展的普遍规律。④获得一般性的实践经验或生活经验。

二、视听传播理论

视听教育理论研究如何利用视觉、听觉感官的特点和功能，提高教育信息传递的效果。它的心理学基础是以行为主义心理学为背景的视听感知规律和"经验之塔"理论。

（一）视听感知规律

1. 视感知规律

（1）人眼的视觉特性。①视觉的光谱灵敏度。光源的辐射功率是一个与视觉特性无关的客观物理量，但是人眼对辐射功率相同而波长不同的光的敏感程度不同。人眼对波长为555nm（纳米）的绿光的灵敏度最高，而随着波长的增加或减少，灵敏度逐渐下降至零，即在可见光谱范围之外，即使辐射能量再大，人眼也是没有亮度感觉的。这是由于波长越短人眼中的光学介质对光波的吸收作用越强，而波长越长人眼感光细胞的敏感性越差。事实上，可见光是波长在380~780nm之间的电磁波，人们看到的大多数光不是一种波长的光，而是由许多不同波长的光组合成的。②视觉范围。人眼的视觉范围是指人眼所能感觉到的亮度变化的范围，它在数值上等于亮度上下限之比。人眼所能感觉到的亮度最低可至0.0001cd／m^2（坎德拉每平方米），最高可达几百万cd／m^2，这样宽的视觉范围是任何光学仪器望尘莫及的，但是人眼不能同时感受到这样大的亮度范围。实际上，当人眼适应了某一环境的平均亮度之后，所能分辨的亮度差别的范围就会小得多。在平均亮度适当时，人眼的视觉范围为1000∶1；在平均亮度很低时，视觉范围仅为10∶1。人眼的明暗感觉是相对的。人眼在观察实际景物时，亮度感觉并不是完全由景物的亮度所决定的，它还与周围环境的亮度有关。例如，在晴朗的白天，环境的平均亮度约为10000cd／m^2，视觉范围为200~20000cd／m^2，低于200cd／m^2的亮度就会产生黑色的感觉。而环境的平均亮度降低为30cd／m^2，视觉范围为1~200cd／m^2，此时100cd／m^2的亮度就已使人眼感到相当明亮。可见，人眼的亮度感觉随环境亮度的变化而变化。所以在教学中，为提高电视、投影画面的亮度，就需要遮挡门窗以降低室内环境的亮度。③彩色视觉。现代神经生理学证实，在人眼视网膜上存在红、绿、蓝三种感色的锥状细胞，这是一类感光细胞，人眼的彩色视觉就是由这些感光细胞提供的三种彩色视觉合成的综合结果。物体的颜色是物体表面对日光中某些光谱成分的反射引起的视觉效果。例如，日光照射到黄色的讲台时，日光中只有黄色被反射，而其他光谱成分均被吸收，因此人眼就产生黄色的视觉。又如日光中只有几种不同波长的光谱成分被反射，它们同时作用于人眼时形成了混合效果，产生了咖啡色的视觉效果。人们通常用亮度、色调、色饱和度三个特性来描述人眼能看到的彩色光（即彩色的三要素），人眼看到任何彩色光都是这三个特性的综合效果。其中，亮度是光作用于人眼时所引起的明亮程度的感觉，它与被观察物体的发光强度、照射光的强度及反射光的强度有关；色调是人眼看到一种或多种波长的光时产生的彩色感觉，它反映颜色的类别，并决定颜色的基本特性；饱和度是指彩色的纯度，即掺入白光的程度，或者说是指颜色的深浅程度。对于同一色调的彩色光，饱和度越深，颜色越鲜明或者说越纯。通常把色调与色饱和度统称为色度。总之，亮度表示某彩色光的明亮程度，而色度则表示颜色的类别与深浅程度。④分辨力。人眼的分辨力是人眼刚能分辨出被观察物体上相邻两点至人眼所张视角的倒数。人眼的分辨力不仅与物体在视网膜上的成像位置、光的照度有关，还与景物的相对对比度有关。另外，观察静止和运动物体时人眼的分辨力也不相同，运动速度越高，分辨力越低。电视技术就是根据这一特性来决定扫描行数的。人眼对彩色细节的分辨力远比对高亮度细节的分辨力低，而且对于不同色调的细节，其分辨力也不一样。人眼分辨彩色细节的能力较差。因此，彩色电视系统在传送视频图像信号时，细节部分不传送彩色信息，而只传送黑白信息，即用它的亮度信息来代替，从而可以节省传输通道的频带。教学中黑板上应尽量书写白字或白板上书写黑字，以提高字体的清晰度，便于学生观看。⑤视觉惰性。实验证明，人眼的主观亮度感觉是实际亮度出现后近似按指数规律上升的；当亮度突然消失后，人眼的亮度感觉并不立即消失，而是近似按指数规律下降。人眼的亮度感觉总是滞后于实际亮度的特性称为视觉惰性。人眼视觉惰性的残留时间一般约为0.1s。由于残留时间有一定限度，当作用与人眼的光脉冲重复频率不够高时，人眼已能分辨出有光和无光的亮度差别，因而产生或明或暗的感觉，这种现象称为闪烁效应。但是若将光脉冲的频率增加到某一定值（临界频率）时，闪烁现象即消失，而给人以稳定的亮度感觉。人眼的视觉惰性早在电影技术中得到应用。众所周知，电影片是由一幅一幅画面组成的，每幅画面内容的相对位置都有些改变，由于人眼的视觉惰性，当这些画面以每秒24幅的速度快速地连续出现时，就得到了连续的活动景象的感觉。同样，人眼的视觉惰性也是电视技术中顺序扫描分解与合成图像的基础。场频、帧频的选择，也充分考虑了人眼的这种视觉惰性和闪烁感觉。

（2）人的视觉心理。①心理趋合。心理趋合是指利用人们的想象力去填充实际在画面中并没有见到的空间。电视屏幕的画面是有限的，恰当地利用人们日常生活的经验，使被摄物的取舍得当，会产生画面向外扩展的效果，从而让画面中未被展现的被摄体的其他部分出现在观众的想象之中。例如，在人的视线前方和头顶上方都应留有一定的空白，也属于心理趋合反应的要求。当然，在画面构图中还应注意它的消极作用。例如，在拍摄中若不注意拍摄角度与背景的选择，画面中主体与某些背景物体的组合就容易使观众产生错误的联系和概念，形成不恰当的联想，这在教学节目中会严重地分散学生的注意力。②画面均衡。画面均衡是人们对画面表现主题的一种形式感觉，是产生画面稳定感的因素。各种造型因素表现在画面上可能产生不同的效果，经过构图方面的处理，使画面达到视觉和心理上稳定的感觉。这种均衡有时仅仅是视觉感受上的，但大多数时候是经过人们的思考和想象所达到的一种心理上的平衡感。它是人们从生活体验中得来的一种审美心理。画面构图时应当注意利用均衡心理使画面产生稳定的美感。均衡有两种形式：一种是对称式均衡（绝对均衡），主体居中，左右对称，稳定感强烈，但显得呆板、单调。在一些严肃、庄重的场合下，往往采用这种形式的构图来表现。另一种采用较多的构图方法是非对称式均衡

（相对均衡），它不是指数量、重量上的相等或形体上的对称，而是指运用人们心理上的感觉和生活中的体验，形成画面中力度和价值上的均衡。一般来说，画面中同样形状的物体，大的比小的重，位置低的比位置高的重，离中心远的比离中心近的重。对形状、大小、位置相同的物体的感觉是，粗糙的比细腻的重，线条粗、密的比细、疏的重，暖色调的比冷色调的重，暗色调的比亮色调的重，但明亮的物体比灰暗的物体要突出，也显得重一些。而且，规则物体也常比不规则物体显得重。因此，在构图中要合理安排拍摄对象在画面中的大小、位置、明暗等，达到画面均衡的视觉效果。③视觉重心。人们习惯于从左边向右边观察画面，把注意力停留和集中在右边的物体上，这就是视觉中的右撇现象。因此，在考虑构图时要注意右撇现象对均衡的影响。例如，把占优势的群体安排在左边容易达到均衡，电视摄像机一般是从左向右摇镜头也是照顾到人们的这种习惯。另外，人们的视觉重心往往放在"九井格"的交点处，因此，构图时往往将主题放在视觉重心位置以突出主体。

2. 听感知规律

（1）人耳的听觉特性。人对声音的感知有响度、音调和音色三个主观听感要素。人的主观听感要素与声波的声压、频率和频谱成分之间既有紧密的联系，又有一定的区别。①响度。响度就是人耳对听到的声音强弱的主观感觉。决定响度大小的因素主要是作用于人耳的声压大小或声强的大小，但两者并不是简单的正比例关系，同样的声压在不同的频率时，人耳感觉到的响度是不同的。响度的客观评价尺度是声波的振幅。实验证明，如果要使人耳的听感均匀增强，声音的强度就必须按照指数规律增长。因此，人耳的听感具有对数的性质。声压是声波产生的压力，用 Pa（帕）来表示。声压的大小与物体的振动有关，声波振幅越大，声压就越大。人耳刚刚能听到的声音的声压是 2×10^{-5}Pa，而难以忍受的声音的声压是 20Pa，其间相差 100 万倍，但是，人耳听起来声音响度的变化程度才仅仅是 120 倍左右。虽然声波振动的频率范围非常宽，可以从几赫兹（Hz）到几十兆赫兹（Hz）。但是，这么大范围的声音人类并不能全部感受到。人类听觉能够感知到的声音频率范围要小得多，在 20~20000Hz 之间。低于 20Hz 或高于 20000Hz 的声波振动并不能被人耳所感知。通常将人耳能够感知到（听觉）的这部分频率范围内的声音称作可闻声。低于 20Hz 频率的声音称为次声，高于 20000Hz 频率的声音称为超声。人耳对 2000~5000Hz 频率范围内的声音最为敏感。②音调。音调就是人耳对声音调子高低的主观感觉，也称为音高、音准。音调的客观评价尺度是声波的频率。频率低的声音调子低，频率高的声音调子高。音调低的声音给人以低沉稳重、粗犷浑厚，甚至是沉重、压抑的感觉；音调高的声音给人以明快亮丽、高昂喜悦，抑或尖细刺耳的感觉。声音的音调高低与频率相对应，但并不是完全一致的线性对应关系。大量实验证明，人耳对声音音调变化的感觉大体上呈现对数关系。当声音信号的频率变化比较大时，人耳对音高的变化感觉并不是很大，而频率相对值的变化却能够反映出听感上音调的变化。人耳对声音音调的感觉同时还会受到声波振幅的影响。当声波的振幅较大时，人的耳膜会因受到较大的刺激而产生超长的形变，从而影响到听感神经对音调的感觉。因此，一般情况下，当响度增加时，人耳对音调的听感灵敏度降低；

而对于低频声波，人耳对音调的听感变化会更加迟钝。③音色。音色就是人耳在主观感觉上区别相同响度和相同音调的两类不同声音的一种主观感受。实际上，声音极少是单频率的纯音，绝大多数声音都由一个基本振动频率和具有许多不同频率成分的谐波组成，这些谐波的频率与基频之间成整数倍的关系。基频决定了声音的音调，而基频的谐波成分则决定了声音的音色。因此，人耳能够区分出钢琴、大提琴、小提琴、扬琴、黑管、二胡等各种乐器演奏出来的声音，人才能够欣赏不同风格的音乐。

（2）人耳的听觉效应。响度、音调、音色在人耳的听感方面存在着非线性效应。除此之外，人耳还存在着对声音信号进行各种"非线性加工"的特殊功能，如在人耳受到强烈声音刺激时非线性加工能产生保护性的听感反应；不同乐音的组合产生新的音乐形象，即"和声"；对电声系统非线性畸变指标、环境噪声的影响都可降低要求；能把某些缺损的声信息在大脑中自动地完整化起来。①人耳的掩蔽效应。掩蔽效应是人耳听觉的一个非常复杂的心理—生理过程。有关的实验表明，当两个或两个以上的声音同时存在时，其中的一个声音在听觉上会掩盖另一个（或其他的）声音，这种现象被称为掩蔽效应。因此，人耳能够接收的声音可能会受到其他声音的干扰而被掩蔽。为了保证一定的听音效果，电声技术中常用信噪比 S／N 来作为衡量声音信号的一项重要的性能指标。信噪比越大，噪声影响越小，声音信号就越清晰，传输质量就越好。②鸡尾酒会效应。人耳对掩蔽声有相当的容忍能力。"鸡尾酒会效应"就是在纷乱的酒会现场，人们照样能听出其中某个人的声音来。人耳的这种功能与人的心理需求有关，当人把注意力相对集中于某一说话内容，而忽略或不去理会掩蔽声的存在时，人耳在噪声中分辨信息的能力便大大提高。③颤音效应。人耳同时听到两种频率相近的纯音时，会产生差频似的颤音感，这是构成配乐的生理心理基础。④哈斯（Haas）效应。当内容相同的两个声音相继达到人耳时，仅当第二个声音延迟时间达到 35~50ms 后，才会感受到有延迟音出现，即哈斯效应。而当延迟声超过 50ms 时就会产生回声感，这种听觉的延迟效应是混响和立体声的心理学基础。⑤双耳效应。人耳主要靠双耳效应来进行声音定位的。由于头部近似于一个球体，双耳又位于头部的两侧，如果声源不在双耳连线的中垂面上，则声音传到双耳的距离就不一样，从声源发出来的声音到达两耳的时间就不一样，相位也不一样，声音的声压级因头部的遮蔽作用而有差异，这就是双耳效应。声音绕过头部在两耳间产生的声压级差，除了与声源方位有关外，还与声音的频率有关，声音频率越高，两耳间的声压级差就越大。人的听觉神经中枢就是根据声音达到两耳的时间差（或相位差）和声压级差等因素进行综合判断来确定声音方位。⑥耳郭效应。人耳的轮廓结构比较复杂。当声源的声波传送到人耳时，不同频率的声波会由于耳郭形状的特点而产生不同的反射。反射声进入耳道和直达声之间就产生了时间差（或相位差），这种效应称为耳郭效应。正是借助于人的耳郭效应，有时凭借一只耳朵也能进行声音定位，它对双耳的定位功能起着重要的补充作用。以上有关视听觉的认知规律要素，在教学实践中都有着具体的指导意义。以教育电视节目编制为例，欲使电视直观生动，容易为学生所接受，则在空间感知方面，应要求画面的构图突出对象的本质——

线条、色彩、明暗等造型因素要符合对象的内涵，充分利用各种构图技巧提示对象的深度；在时间感知方面，要善于调动一切手段，如对象运动的快慢、急缓，音响的强弱变化、抑扬顿挫，让对象的本质暴露无遗，从而使学生自然地分清主体的对象和陪衬的背景，主体的解说和陪衬的音乐等；在教学内容的重点、难点方面，要在视听上浓墨重彩、形声并茂，以激发学生的高度注意力，引导学生的思维活动和想象力，促进对其创造能力的培养。

3."经验之塔"理论

在整个视听教学运动中，出现了许多对教学实践起到指导作用的视听教学理论，其中以戴尔（Edgar Dale）的视听教学理论——"经验之塔"理论影响最大，对于视听教学运动起到了显著的推动作用。

（1）"做"的经验包括三个层次：①有目的的直接经验，指直接地与真实事物本身接触取得的经验，是通过对真实事物的看、听、尝、摸和嗅，即通过直接感知获得的具体经验。②设计的经验，指通过模型、标本等学习间接材料获得的经验。模型、标本等是对客观事物进行仿造的事物，多与真实事物的大小和复杂程度有所不同，但在教学上应用有助于学生区别对象的本质和非本质的东西，比真实事物更易于感知、领会。③演戏的经验，指把一些事情编成戏剧，让学生在戏中扮演角色，使他们在尽可能接近真实的情景中去获得经验。通常有许多事情是无法直接去实践而获得经验的，如一些历史事件，学生通过演戏，可以弥补因时空限制而无法体验感知客观事物的某些直接经验。

（2）"观察"的经验包括五个层次：①观摩示范。看别人怎么做，通过这种方式可以知道一件事情是怎么做的，以后他也可以自己动手做。②学习旅行，是一种突出了教学性质的旅行，它作为一种学习途径，主要目的是使学生观察在课堂上看不到的事物，包括访问、考察等活动。③参观展览，也是一种学习途径。举办展览，一般只包括模型、照片、图表及一些实物等，因此，参观展览的学习经验比校外考察旅行更为抽象。④电视和电影提供的仅是真实事物的替代，学生在观看事物的发展时并无直接接触、品尝等体验，学生只是观察，只能以一种想象的方式参与其中，不如实地参观时身临其境,感受深刻。⑤广播、录音、静止画面，提供的内容更加抽象了。照片和图解缺乏电影电视画面的动感；广播和录音则缺少视觉形象。但它们给学生提供的是视听刺激，故仍属一种"观察"的学习经验。

（3）"抽象"的经验包括两个层次：①视觉符号，包括地图、图表、示意图等提供的学习经验。在视觉符号里，人们看不到事物的真实形态，只看到一种抽象的代表物，如地图上的曲线代表河流、线条代表铁路等。学习中，学生所接触到的符号与自己已认识的事物往往毫无相似之处。②言语符号是一种抽象化了的代表事物或观念的符号，包括口头语言与书面语言的符号。它们与其所代表的事物或观念不存在任何视觉上的提示，因此，词语符号的学习是最抽象的学习经验。

"经验之塔"理论的基本观点：

（1）经验之塔最底层的经验最具体，越往上升，则越趋于抽象。但这并不是说获得任何经验都必须经过从底层到顶层的过程。也不是说，下一层的经验比上一层的经验更有用，划分层次只是说明各种经验具体与抽象的程度。

（2）教学活动应该从具体经验入手，逐步过渡到抽象，有效的学习之路，必须充满具体经验。学生只记忆一些普遍法则和概念，没有具体经验做支撑是不行的。

（3）教学不能止于具体经验，而必须向抽象化发展，使具体经验普遍化，最后形成概念。概念可以做推理之用，是进行思维、进一步探求知识的基础，因而可以指导进一步的实践。把具体的直接经验看得过重，使教育过于具体化，而忽视达到普遍化的充分理解，那是很危险的。

（4）在学校教学中使用各种教学媒体，可以使教学活动更为具体、直观，也能为抽象概括创造条件，从而去获得更好的抽象经验。

（5）位于"经验之塔"中层的视听教学媒体和视听经验，较上层的言语、视觉符号更能为学生提供较容易理解的具体、形象的经验，它又能突破时空的限制，弥补下层的直接经验方式之不足。

（二）传播理论

按照信息论的观点，教育过程是一个信息传播的过程，在这个传播过程中有其内在的规律性和理论，所以教育技术应该以人们对传播过程的研究所形成的理论——传播理论为理论基础。传播理论产生于20世纪40年代的美国，是一门研究人类传播行为的新兴边缘学科，它是随着美国广播和电视事业的发展，逐渐从社会学、心理学、政治学等学科中分离出来的一门新学科。施拉姆（W.Shramm）最早研究传播学，他收集先驱者的研究成果，把传播规律作为一门学问进行独立的研究，并力图使之系统化，从而形成了传播学。传播学的产生也是自然科学和社会科学趋于整体化联系的反映，传播研究吸取了信息论、控制论等一些自然科学的理论和方法。

1.传播概述

传播（Communication），在特定的语境中也可译为通信、交通、交流、传意等。所谓传播，是指传播者借助一定的媒体或形式将信息传递给接收者，以影响接收者的行为，或达到信息交流和信息共享的行为或过程。

（1）传播的基本特征。

①传播是传播者和接受者传递、接受与反馈信息的完整过程。

②传播是信息交流、信息共享和不断扩展共识的互动过程。

③传播是建立和改变人们的认知结构，影响与调节各自行为的过程。

（2）传播的基本类型。传播按涉及人员的范围大小依次分为如下类型：自我传播（又称人的内向交流）、人际传播、组织传播（又称团体传播）、大众传播和教育传播等。尽管人们经常处于人际信息的互动之中，但是人也需要自我思考，需要自我剖析。这时，人往往是一分为二，成为一个"主我"（I）和另一个"宾我"（Me）的对立统一体，主我和宾我不断地进行着信息的交流，这就是自我传播。人的内向交流得以进行，要依靠大脑信息库储存的材料，材料越多，内向交流越活跃。人是有思想的动物，思维性的内向交流无时无刻不在发生。人际传播是个人与个人之间的信息交流和沟通。以面对面传播为主，也可通过媒介进行传播，使用的媒介主要有电话、信件等。团体传播是团体对团体和众人的传播。传播进行的主要方式有小组讨论、座谈、群众集会等。大众传播是通过媒介对广大公众进行的一种传播。换句话说，它是经由一个有组织的多数人，利用一种有组织的通道，包括印刷媒体的书籍、报纸、杂志，电子媒体的广播、电视、网络，超越时间及空间的距离对一群无法预知的大众，提供消息、知识、娱乐、广告等传播活动。

教育传播是由教育者按照一定的要求，选择合适的信息内容，通过有效的媒体和通道，把知识、技能、思想、观念等传递给特定的教育对象的一种传播活动，是教育者和受教育者之间的信息交流活动。它的目的是促进学生的全面发展，培养社会所需要的各种人才。与其他传播活动相比，教育传播具有以下特点：①明确的目的性。教育传播是以培养人才为目的的活动。②内容的严格规定性。教育传播的内容是按照教学计划和教学大纲的要求严格规定的。③受者的特定性。④媒体和通道的多样性。在教育传播中，教育者既可以充分发挥口语和形体语言的作用，又可以用板书、模型、投影、电视等作为媒体；既可以是面对面的交流，又可以是远距离的传播。

2. 传播过程与模式

传播过程是一种信息传送和交换的复杂过程。为了研究这一复杂过程，传播过程往往被分解成若干要素，然后用一定方式去研究这些要素之间的相互关系与相互作用，这样就构成了多种多样的传播模式。在这里我们介绍两种普遍的传播模式。

（1）拉斯韦尔直线式传播模式。美国政治学家拉斯韦尔（H.D.Lasswell）在1948年提出的传播过程的模型中，简明地表达了传播过程中的要素（5W：传者——Who、信息——Says What、媒介——In Which Channel、受者——To Whom、效果——With What Effect）及其功能，以及信息传播是如何进行的，并且根据其要素的功能（作用）来研究如何提高传播的效率和效果。

（2）贝罗SMCR传播模式。1960年贝罗（D.K.Berlo）在拉斯韦尔研究的基础上，提出了著名的SMCR(Source—Message—Channel—Receiver)传播模式。模型明确和形象地说明传播的最终效果不是由传播过程中的某一部分所决定，而是由组成传播过程的信息源、信息、通道和受者四部分及它们之间的关系共同决定的，而传播过程中每一组成部分又受其自身因素的制约。从信息源（传播者）和接受者来看，有4个因素影响着传播效果。

①传播技能。传播者的口语、文字表达技能和接受者的听、读技能，以及他们对媒体的掌握能力。②态度。传播者和接受者的自我态度、对传播内容的态度和相互之间的态度。③知识水平。传播者对传播内容和传播方法的掌握程度，接受者原有的知识水平是否能够接受传播的内容。④社会及文化背景。不同的社会阶层及文化背景也影响传播方法的选择和对传播内容的认识和理解。再从信息这个要素来看，它也受到信息的内容、要素及信息处理、结构安排和编码方式等各种因素的制约而影响最终的传播效果。最后，从信息传递

的通道来看，不同传播媒体的选择及它们与传递信息的匹配也会引起对人们感官的不同刺激，从而影响传播效果。

（3）传播过程的要素。

任何传播过程几乎都包括以下5个基本要素：传播者、信息、媒介、接收者和效果。①传播者和接收者。传播行为被认为是发生于传播者与接收者之间，传播行为必须有人发出信号，并且有人接收信号。传播者在传播过程中是处于发送信息的一端，主要任务是提供信息并对信息进行编码及信息再反馈。提供信息：如在教学传播中，根据教学目标的要求，选择和收集适当的信息内容，并以一种能使学生容易理解的方式，组织和编排教学内容和材料。信息编码：把要传递的信息内容（如知识、技能）转换为适于传递的信号（如声音信号、文字信号、图像信号等），以便传递出去。信息再反馈：当接收者把接收信息后的反应反馈给传播者后，传播者对学生反应进行译码，然后对信息传播效果给予再反馈。在教学过程中，教师对学生学习结果给予的反馈是非常重要的。接收者是处于传播过程中接收信息的一端，主要任务是对信息进行译码、反馈。译码：要把接收到的信号转变为信息内容。反馈信息：需要把接收信息后所产生的反应、思想和行为的变化通过编码回送给传播者。②信息和媒介。信息是传播的内容和事实（包括消息、资料、知识、数据等），而这些内容和事实却不能凭空传送出去，它必须转换为某种符号，然后通过某种媒介才能传送出去。比如，某场足球比赛通过卫星电视向世界转播，足球比赛的情况就是信息；被摄像机转换为图像信号足球比赛通过卫星电视向世界转播，足球比赛的情况就是信息；被摄像机转换为图像信号和相应的电信号后，通过电磁波和卫星传送出去，这时，电磁波传送的"空间"和"卫星"就是传播的媒介。信息的符号，信息不能直接传递，实际传递的是信息的符号。不同信息可以选用不同的符号来表征，有时为了表达某一信息，往往同时使用多种符号。表征信息的符号有语言符号和非语言符号。语言符号：有口头语言符号和文字符号。非语言符号，包括动作性符号，如表情、手势、姿势、感情等；音响符号，如音响、音乐等；图形符号，如图像（静止图像、活动图像）、图画（动画、静画、漫画）；目视符号，如地图、图解等。信息的编码、译码。信息是抽象的，信息的符号是具体的，但还不具备能直接传送成为接收者可接收的刺激物。例如，语言符号只能当说出来成为声音信号或用文字写出来成为光信号时才能被传送，才能刺激接收者的感官而被接收。信息符号也可以用其他传播媒介，如用照相机拍摄照片或通过广播、电视等转换为光、电信号传播。在传播过程中，发送端将信息转换为信号的过程称为信息编码，将接收到的信号转换为信息的过程称为信息译码。媒介是指传送信息符号的有关工具，包括发出和接收信号的器官或机器，载送声、光、电信号的空间与线路，以及书籍、报纸、杂志、广播、电视、网络等。各种传播媒介具有各自的特性与功能，传播者应该根据信息的性质、传播的目的与对象去选择合适的传播媒介。媒介是物质的，不同媒介在存储和传递信息中，为表征信息所使用的符号系统是不相同的，大体可分为三类：数序符号：数序符号包括书写、印刷和口语所用的符号，因为语言是有先后顺序，不能打乱，如同数字序列排列一样，所以称为数序符号。形状符号:形状符号包括图画、图表、地图等,是一种实际事物的抽象符号。模拟符号:模拟符号包括音乐或动作符号。模拟符号可分为视觉模拟符号(如动作)和听觉模拟符号(如音乐)。数序符号也称语言符号,形状符号和模拟符号也称非语言符号。③传播的效果。传播总会产生一定的效果,效果可能产生在传播者或接收者,或两者都有,也可能会影响到周围环境。传播的效果可以表现在知识的增加,行为、能力和态度的改变,社会生产的发展,科学技术的进步,社会商品的流通等。影响传播效果的因素很多,有来自传播者、接收者的生理、心理、知识水平的因素,也有来自周围环境、社会规范等多种因素。传播过程中各个要素对传播效果都会产生影响。

3.教育传播要素

在教育传播中,构成传播系统的要素包括教育者、教育信息、受教育者、媒体和通道、环境等。

(1)教育者是教育传播系统中具备教育教学活动能力的要素,是系统中教育信息的组织者、传播者和控制者,如学校中的教师等。教师的首要任务是发送教育信息,因此从这个意义上说,"教师"并不局限于讲台上的教师,还应包括教育管理者和教材编制者等,在特定的条件下,教学机器也可以成为教师。在教育传播活动中,教师起着"把关人"的作用,传播什么内容、利用什么媒体等都是由教师决定的。因此,教师必须能实现教育传播系统的整体目标,使学生得到全面、和谐的发展。而要完成这一重任,教师必须做好设计、组织、传递、评价等工作。

(2)教育信息。教育传播过程是一个信息交流的过程,自始至终充满了教育信息的获取、传递、交换、加工、储存和输出。在教育信息传播过程中,主要的信息是教学目标信息、预测学生信息、教师传送信息、实践教学信息、家庭教育信息、学生接收信息和学生反馈信息等。信息是抽象的,当它被某种符号表征出来才是具体的。表征教育信息的符号可分为语言符号和非语言符号两大类。语言符号包括自然语言(如口头语言和书面语言)和人工语言(如专业符号语言、计算机程序语言等),具有抽象性、有限性等特征。非语言符号包括动作性符号、音响符号、图像符号、目视符号等,具有形象性、普遍性、重要性、多维性、整体性等特征。在教育传播过程中,语言符号擅长描述事实与知识,而非语言符号则擅长表达态度和感情。合理运用各类传播符号,组成各种类型的教育传播活动,是提高教育传播效率的有效措施。

(3)受教育者是施教的对象,一般来说就是接受教育信息的学生。在教育传播过程中,作为受者的学生,首先要接收信号,如阅读教科书和参考书、认真听教师的课堂讲授、视听各种教学媒体、参加教学实践与社会活动等。然后,要对所接收的信息进行加工和储存、分析、判断,得到符号的信息本义。但在教育传播系统运行过程中,学生对教育信息的接收并不是机械的、被动的,在大多数情况下,学生是主动接收教育信息,甚至是有选择地去接收和理解教育信息。

(4)媒体和通道。在教育传播通道中,教育传播媒体是必不可少的要素。教育传播媒体就是承载教育信息的物体,是连接教育者和学生双方的中介物,是用来传递和取得教育信息的工具。教育传播通道是教育信息传递的途径,教育信息只有经过一定的通道,才能完成传递任务,达到教育传播的目的。按所传递信号的形式来分,信道包括图像信道、声音信道和文字信道。它的组成要素有各种教育媒体、教学环境、人的感官、处理和传播信息的方式。通道也包括由一方传送到另一方所建立的联系方式。师生间面对面地进行教学是一种口耳相传的古老的联系方式。目前,除了印刷技术、光学影像技术外,多媒体网络技术已为教育传播系统广泛采用,成为师生间一种重要的联系方式。

(5)传播环境。教育传播环境是影响教育传播效果的重要因素,内容是复杂的和多方面的。社会、经济、科技、文化背景、风俗习惯及各种自然物、人工物等,都是教育传播环境中不可忽视的因素,其中影响较大、较直接的有校园环境、教室环境、社会信息、人际关系、校风、班风等。

4.教育传播的基本方式

根据教育传播中传者与收者的关系结构,可以将教育传播分为以下4种方式:

(1)自学传播。自学传播是指没有专职教师当面传授的一种教育传播方式。自学者自定学习目标,从周围可能的环境中寻找合适的教师替身。平常较多的是选择自学教材,即根据学习要求选购相应的书籍、录音带、录像带、课件等学习材料,自定步调学习。自学传播与自我传播是两个概念,不能混淆。前者是教育传播的一种方式,传者不是本人,而是学习材料。自我传播则是集传者和受者于一身,是主我和宾我之间的信息交流。

(2)个别传播。教育传播最早的时候即是采取这种方式,是传播者和受传者单独面授知识和经验的一种教育传播方式。尽管这种教育传播方式相当古老,但因为它的效果显著而沿用至今。现在可以通过传播手段进行,如在语言实验室中教师利用设备与学生单独通话讲授。个别传播与人际传播有许多相似之处,如传播者与受传者都是不同的个体,并能即时得到反馈等。两者最大的不同点在于,个别传播具有明确的目标,例如讲清一个原理、教会一种方法或技术等,教育信息的流向倾斜于受传者,而且这个传播过程隶属于更大的一个教育传播系统范围(例如学校教育传播系统),它的目标是那个大系统目标的一部分。而人际传播则可能具有各种不同的目标,如朋友之间的交谈可以是各有所思、各有所求。

(3)课堂传播是当前学校普遍采用的一种教育传播方式,学生的学习主要依据课本和教师的语言讲解,即主要通过语言和文字符号进行。这种传播方式有利于发挥教师的主导作用,教师能科学地组织教学过程,充分发挥情感因素在学习过程中的重要作用,学生能快速、有效地掌握知识技能。但由于过分强调整齐划一,容易忽视学生的自主性,不利于培养学生的兴趣、特长和发挥他们的个性才能。若将课堂传播和组织传播比较,则它是一种不完备的组织传播形式。因为组织传播是组织内的成员与成员、本组织与其他组织之间的信息互动,它包括过程、信息、网络、相互依赖和环境五个因素。也就是说,在一个组织中,信息传递方向自上而下、自下而上,加上横向传递,构成一个信息流动网络,成员之间形成相互依赖的关系,同时与组织之外的环境也发生信息互动关系。课堂传播中虽然也有教育信息的沟通过程，但是一般来说，沟通程度较差，学生很少有发言的机会。至于传播的网络、相互依赖和环境等因素，则更不完备。目前，在课堂上，一般总是以教师讲解为主，就是说自上而下的信息灌输是大量的，学生发言、学生提问则较少，至于学生之间的横向交流在课堂上常常是被制止的，这就造成了学生过多地依赖教师，处于被动的地位。

（4）远程传播是一种非面对面的教育传播方式，如函授、电视教学、网络教学等。这种教育传播方式随着广播、电视、卫星广播、计算机网络等现代通信传播和控制手段的推广而逐步得到普及，但还需要适当的辅导与之相配合。

如果将远程传播与大众传播加以比较的话，除了前者具有严格的教学目标和教学组织形式之外，两者十分接近甚至无法分清。比如大众传播中的教学节目、科普常识的广播等，虽然未将受众严密地组织起来，也不进行考试，但作为系列教学节目常常可为在校学生或自学者提供十分有用的教学信息。在开展远程教育传播方面，特别是在举办电大、广播学校、网络学院等方面，我国取得了令人瞩目的成就。

5. 教育传播过程

教育传播过程是一个由教育者借助教育媒体向受教育者传递与交换教育信息的过程。通过信息的控制，这些要素之间相互作用，形成一个连续的动态过程。这一过程可分为六个阶段：确定教育传播信息，选择教育传播媒体，通道传送，接收与解释，评价与反馈，调整再传送。

（1）确定教育传播信息。教育传播过程的第一步是确定传送的教育信息，传送什么信息，要依据教育目的和课程的教学目标而定。一般来说，文字教材是按照教学大纲编写的，通常都体现了要传送的教育信息。因此，教师要认真钻研文字教材，对每章节的教学内容进行分析，将内容分解为若干个知识点，并确定每个知识点要求学生应达到的学习水平。

（2）选择教育传播媒体去呈现要传送的信息，实质就是编码的过程。某种信息该用何种符号和信号的媒体去呈现或传送，比较复杂，需要用理论与方法去指导。一般来说，一是选择的媒体能准确地呈现信息内容；二是选用的媒体符合学生的经验和知识水平，容易被接受和理解；三是选用的媒体容易获得，付出的代价较少，却能取得较好的传播效果。

（3）通道传送：教育传播通道通过教育媒体传送出信号，也称施教阶段。在这里，首先要解决两个问题：一是信号要传递的距离和范围。例如，课堂教学传播，教学对象是几十至几百人，范围是几十至几百米之间；至于远程教育传播，则要将信号传到几百甚至几千公里之外，受教育的对象可以有千千万万人。因此，要根据信号的传送要求，选好传送通道，保证信号的传送质量。二是信息内容的先后传送顺序问题。在任何课堂教学传播中，教师何时口语传播，何时利用视听媒体，要遵循课程的教学结构；在远程教学传播结构中，无论用广播、电视媒体，还是邮寄印刷媒体，也有一个学习的先后顺序。因此，在通道传送时，教育者要按照教学设计有步骤地去传送信号。

（4）接收与解释：受教育者接收信号并将它解释为信息意义，也就是信息译码阶段。

受教育者首先通过视、听、触等感官接收传来的信号，信号对感官的刺激通过神经系统传至中枢神经，通过分析将它转换为相应的符号。然后，受教育者依据自身的知识与经验，将符号解释为信息意义，并将它储存在大脑中。

（5）评价与反馈：受教育者接收信号解释信息之后，增加了知识，提高了能力，以及达到预定的教学目标，还要进行评价。评价的方式、方法很多，可以观察学生的行为变化，也可以通过课堂提问、课堂作业，以及阶段性考试等进行。评价的结果是教育传播过程中一种非常重要的反馈信息。

（6）调整再传送：通过掌握的反馈信息与预定的教学目标之间的比较，可以发现教育传播过程中的不足，再次调整教育信息、教育传播媒体和教育传播通道，进行再次传播。如在课堂提问时发现问题，即时调整传播；在课后作业、考试中发现问题，可进行集体或个别辅导；在远程教学的作业中发现了问题，可以补发辅导资料，或者可能集中进行一次面对面的辅导等。

6. 教育传播的基本原理

教育传播的最终目的是要取得良好的教育传播效果。教育传播效果是指在一定的教育传播过程完成之后，受教育者在知识、能力和行为等方面所发生的变化，以及与此相关的教学效率、教育规模等。研究发现，教育传播要取得好的效果，必须遵循一些原理或规律，其中利用媒体进行传播的几个主要原理如下：

（1）共同经验原理。教育传播是一种信息传递与交换的活动，教师与学生的沟通必须建立在双方共同经验的范围内。要让学生理解传播的信息，必须是他们经验范围内的材料，否则就会出现传而不通的情况。

（2）抽象层次原理。抽象层次高的符号虽然容易处理信息，但解释或理解起来较难，引起误会的机会也较多；若在比较具体的层次上传递信息，接受固然容易，但效率却不会很高。所以，在教育传播中，各种信息符号的抽象程度必须掌握在学生能明白的范围内，并且要在此范围内的各抽象层次上下移动。

（3）重复作用原理。重复作用是将一个概念在不同的场合或用不同的方式去重复呈现。它有两层含义：一是将一个概念在不同的场合重复呈现，如在几个不同的场合下接触某个外语生词，以达到长时记忆；二是将一个概念用不同的方式重复呈现，如同时或先后用文字、声音、图像去呈现某一概念，以加深理解等。

（4）信息来源原理。有权威、有信誉的人说的话，容易为对方所接受。信息来源直接影响着传播的效果。因此，在教育传播中，作为教育信息主要来源之一的教师，应树立为学生认可的形象与权威。所使用的教材和相关资料，其内容来源应该正确、真实、可靠。

（三）系统科学理论

1932年，美籍奥地利生物学家贝塔朗菲（L.V.Bertalanffy）提出了一般系统论，认为系统是"通体的完整性"，是"相互作用的诸要素的复合体"。1947年以后，贝塔朗菲又进一步发展和完善了他的一般系统论,从而丰富了系统和要素的概念。在系统论迅速发展的同时,1948年维纳(N.Wiener)创立了控制论,申农(C.Shannon)创立了信息论。系统论、控制论和信息论各有其相对独立的理论与观点,但它们之间又相互渗透、相互交叉、密不可分,组成了系统科学理论,它们是现代科学研究的一般方法论,对教育技术的形成与发展产生了重要影响。

1. 系统论

系统论是研究一切系统的模式、原理和规律的科学。所谓系统是由相互作用和相互联系的若干组成部分结合而成的,具有特定功能的统一的整体。系统论认为,世界上一切事物、现象和过程几乎都是有机整体,且又都自成系统、互为系统;每个系统都是在与环境发生物质、能量、信息的交换中变化发展,并能保持动态稳定的开放系统;系统内部及系统之间保持一种有序状态。系统论促使人们以整体的观点、综合的观点来考察教育教学过程与现象,运用系统方法来分析和解决教育教学问题。

2. 控制论

控制论是研究生物系统和机器系统中的控制和通讯的科学。所谓控制,是指通过反馈实现有目的的活动。而反馈则是指系统的输出转变为系统的输入这一过程。随着控制论的创立而发展起来的反馈控制方法和功能模拟方法等在教育技术中有着十分重要的地位。反馈控制方法是指把系统输出的信息返回到输入端,对系统的输入和再输出施加影响,从而使系统能稳定地保持在某种状态或按照一定路径达到预定目标的方法。一个有效的教育教学系统,必须有一个良好的反馈控制系统。教学过程实质上是教育信息传播和反馈的过程。教师备课就是将教育信息的储存状态重新组合,变换成输入状态,并考虑以怎样的表达方式和顺序传递给学生。在传递过程中,教师要运用反馈原理,不断从学生的反馈信息中获得调节和控制的依据,从而了解情况、发现问题、改进教法、优化效果。学生也可以从教师那里获得反馈评价,了解自己的学习情况和存在的问题,从而改进学习方法,提高学习效率。

功能模拟方法是指在没有搞清楚或不可能搞清楚其系统原型内部结构的条件下,用一个与它的内部结构不同的模型,来实现与原型相似的功能的方法。在教育技术中,功能模拟方法被广泛采用。更重要的是,功能模拟方法启示人们用机器来代替人脑的部分功能,用电脑系统去完成人脑系统才能完成的工作,所以说控制论的发展促进了人工智能的产生和发展。从发展的角度看,人工智能将成为一种重要的教育技术手段。

3. 信息论

信息论是研究各种系统中信息的计量、传递、变换、储存和使用规律的科学。信息普遍存在于自然、社会和人类思维之中,它是一切系统保持一定结构、实现其功能的基础。信息论认为,系统正是通过获取、传递、加工与处理信息而实现其有目的的运动的。由于受信息论的影响,人们对教学过程的认识不再仅仅局限于"教学过程是一种特殊的认识过程"这一抽象的概括上,而将教学过程具体化为"教学信息交换的过程",认为学生与教师、同学、教材、教学环境之间,以及教师与学生、教材、同事、教学环境之间所存在的信息交换关系,应是研究教学过程的重点。如何对教学信息进行分析与处理,如何分析教育教学系统中的信息传播特点与规律,这就是教育技术关注的问题。信息论为解决这些问题提供了很好的思路与方法。

4. 系统科学的基本原理

系统科学理论可以归纳为三个基本原理,分别是反馈原理、有序原理和整体原理,由此构成了比较完整的理论体系。

(1) 反馈原理。任何系统只有通过反馈信息,才可能实现有效的控制,从而达到预期的目的。被控系统既有信息输入,又有信息输出。从信息的输入到信息的输出,再反馈到信息的输入,形成一个回路。没有反馈信息的回路,是不可能实现控制的。系统的控制部分正是根据反馈信息才能比较、纠正和调整它发出的控制信息。在教育教学系统中,反馈原理具有普遍的指导意义。

(2) 有序原理。系统内部各要素有其排列组合的顺序、层次,组织形式构成系统的结构。系统的结构决定系统的功能,不同的结构可以产生不同的功能。所以,要重视系统内部各要素的合理组织,重视系统的有序程度,发挥系统的最佳功能。系统与外部环境存在着联系与制约,系统、环境与要素是有密切联系的,一种事物总是存在于某种系统之中,从而作为该系统中的一个要素,一切事物又自成系统,有其内部结构。对于一个特定系统来说,其他系统则是该系统存在的外部环境。所以,系统、要素和环境三者是有机统一的关系,是相互联系和相互制约的。

一个系统,与环境有输入—输出关系,即与外界有物质、能量、信息交换,被称为开放系统。开放系统总是要适应外界环境的变化而调整自己的结构。系统由较低级的结构转变为较高级的结构称为有序,反之称为无序。系统从无序走向有序,就是系统的发展,反之则为系统的退化。系统的发展进化是一个不断地从简单到复杂、从低级到高级的有序化组织过程。

根据有序原理,在研究与处理教育教学问题时,应注意教学系统与环境的关系,重视对构成教学系统的要素加以注意和选择,更要特别重视教学系统内部各要素的组织,以充分发挥教学系统的功能。

(3) 整体原理。任何系统都是一个有结构的整体,即系统是由若干相互联系、相互作用的要素构成的整体。但是在功能上,系统的整体功能($\sum$整)并不是简单地等于各个部分功能的总和,而是等于各部分功能的总和($\sum$部)加上各部分相互联系形成结构产生的功能($\sum$联),即$\sum$整 = $\sum$部 + $\sum$联。整体原理要求我们在研究教育教学问题时,要具有整体意识,不仅要注意发挥系统中各部分的功能,更重要的是注意发挥各部分相互联系所形成结构的功能,达到教育教学系统的优化。

第三节 教育信息化与教师教育技术能力培养

一、教育信息化的定义与特点

教育信息化是指在教育领域全面深入地运用现代化信息技术来促进教育改革和教育发展的过程，其结果必然是形成一种全新的教育形态——信息化教育。

教育信息化的特征是什么？可以分别从技术层面和教育层面加以考察。从技术上看，教育信息化的基本特点是数字化、网络化、智能化和多媒化。

数字化使得教育信息技术系统的设备简单、性能可靠和标准统一。

多媒化使得传媒设备一体化、信息表征多元化、真实现象虚拟化。

网络化使得信息资源可共享、活动时空少限制、人际合作易实现。

智能化使得系统能够做到教学行为人性化、人机通讯自然化、繁杂任务代理化。教育信息化被看作一个追求信息化教育的过程。信息化教育具有以下显著特点：

（1）教材多媒化：教材多媒化就是利用多媒体，特别是超媒体技术，建立教学内容的结构化、动态化、形象化表示。已经有越来越多的教材和工具书变成多媒体化，它们不但包含文字和图形，还能呈现声音、动画、录像及模拟的三维景象。例如，有一个关于英语词汇的儿童多媒体学习软件，第一幅画面把常用的动作名词和图片汇编在一起，当你选择chase（追逐）一词，电脑会用声音读出"'追逐'就是在某人或某物后面run（奔跑）"的意思，如果在两个小孩的画面上点一下，他们就会飞快地奔跑起来；如果还想知道奔跑的确切含义，再在run上面点一下，电脑又会呈现关于run的声音解说和动画。在这样的多媒体学习材料中，各画面之间好像有无形的链条互相串联，这种无形的链条被称为超链，这种带超链的多媒体又称为超媒体。俗话说，书是死的，人是活的。但有了超媒体"电子书"，活人读死书的时代将一去不返，因为多媒体教材本身就是活的书。如何把"活书"设计好？如何把"活书"学好？这是信息化时代的教师和学生面临的新问题。

（2）资源全球化：利用网络，特别是Internet，可以使全世界的教育资源连成一个信息海洋，供广大教育用户共享。网上的教育资源有许多类型，包括教育网站、电子书刊、虚拟图书馆、虚拟软件库、新闻组等。对于我国教育来说，面临的一大问题是网上中文信息资源的严重不足。开发网上教育资源，不但是教育部门的任务，也是社会各部门及知识者的义务，美国的网上基础教育资源体系就是依靠社会各界的协同努力建立起来的。

（3）教学个性化：利用人工智能技术构建的智能导师系统能够根据学生的不同个性特点和需求进行教学和提供帮助。为了做到这一点，学生个性的测定，特别是认知方式的检测，将成为教育研究的重要研究课题。

（4）学习自主化：由于以学生为主体的教育思想日益得到认同，利用信息技术支持自主学习成为必然发展趋势。事实上，超文本和超媒体之类的电子教材已经为自主学习提供了极其便利的条件。

（5）活动合作化：通过合作方式进行学习活动也是当前国际教育的发展方向。信息技术在支持合作学习方面可以起重要作用，其形式包括通过计算机合作（网上合作学习）；在计算机面前合作（如小组作业）；与计算机合作（计算机扮演学生同伴角色）。

（6）管理自动化：利用计算机管理教学过程的系统叫作 CMI（计算机管理教学）系统，包括计算机化测试与评分、学习问题诊断、学习任务分配等功能。最近的发展趋向是在网络上建立电子学档，其中包含学生身份信息、活动记录、评价信息、电子作品等。利用电子学档可以支持教学评价的改革，实现面向学习过程的评价。

（7）环境虚拟化：教育环境虚拟化意味着教学活动可以在很大程度上脱离物理空间时间的限制，这是电子网络化教育的重要特征。现在已经涌现出一系列虚拟化的教育环境，包括虚拟教室、虚拟实验室、虚拟校园、虚拟学社、虚拟图书馆等，由此带来的必然是虚拟教育。虚拟教育可以分为校内模式和校外模式。校内模式是利用局域网开展网上教育，校外模式是指利用广域网进行远程教育。在许多建成校园网的学校，如果能够充分开发网络的虚拟教育功能，就可以做到虚拟教育与实际教育结合、校内教育与校外教育贯通，这是未来信息化学校的发展方向。

教育信息化为我们展示了未来教育的美好前景。但是，我们必须清醒地认识到，信息技术的应用不会自然而然地创造教育奇迹，它可能促进教育革新，也可能强化传统教育，因为任何技术的社会作用都取决于它的使用者。我们的观点是，教育技术变了，教学方法也得相应变革。而教学方法的选择是由教师的教育观念所支配的。如果说信息技术是威力巨大的魔杖，那么教师就是操纵这个魔杖的魔术师。因此，对于我国广大教师来说，面对正在迅速到来的教育信息化浪潮，认清教育改革的大方向，更新教育观念，并且懂得如何利用信息技术来支持教育改革和促进教育发展，是十分必要的。

二、教育信息化的发展

（一）信息化由弱到强

信息化是将信息作为构成某一系统、某一领域的基本要素，并对此系统、此领域中信息的生成、分析、处理、传递和利用所进行的有意义活动的总称。信息社会的高度发展要求教育必须改革以满足培养面向信息化社会创新人才的需求。

教育信息化是将信息作为教育系统的一种基本构成要素，并在教育的各个领域广泛地利用信息技术，促进教育现代化的过程。

1989 年，中国正式颁布了《国家教育管理信息系统总体规划纲要》，从 1993 年着手建立中国教育和科研计算机网，2000 开始普及信息技术教育和全面实施"校校通"工程；

2001年开始教育政务信息化的建设工作，重点建设教育政务"三网一库"。

经过20年的发展，我国的教育信息化从无到有、从弱到强，呈现出发展速度快、使用效率比较低、教育信息资源管理分散和信息化人才队伍与优质资源比较短缺的特点。

（二）信息化基本完成，仍不能满足需求

目前，我国教育信息化的发展还处于粗放型阶段，硬件环境大投入应用效果低产生是当代教育信息化发展进程中的主要矛盾。信息技术仅仅作为一种演示工具而存在，对教育的影响远未达到预期的目标。

统计显示，2006年中国教育IT投资总规模为304.8亿元，硬件投资占68%，中国教育和科研计算机网覆盖全国31个省、市、自治区的200多座城市，联网的大学、教学机构和科研单位超过1800个，用户超过2000万人，各校进行课程互选、学分互认、资源共享。虽然教育和科研计算机网及以卫星视频系统为基础的现代远程教育网络平台已初步形成。但由于目前网络传输速度太慢、宽带网等远程教学信息传输的速度和稳定性不高等原因，仍不能满足人们的需求。

有鉴于此，在即将颁布的《国家中长期教育改革和发展规划纲要》中，国家将把教育信息化纳入国家信息化发展整体战略，超前部署教育信息网络。充分利用优质资源和先进技术，创新运行机制和管理模式，整合现有资源，构建先进、高效、实用的数字化教育基础设施。加快全民信息技术普及与应用，加快学校管理信息化进程，创新网络教学模式，不断提高教育现代化水平。

（三）未来的发展趋势

21世纪是一个知识、信息、通信的时代，是以高新技术为核心的知识经济占主导地位的时代。每一个时代都有它的重大课程，解决了它，就把人类社会向前推进一步。业界专家分析认为，未来，我国教育信息化将朝着教学信息资源整合、教育信息化管理标准统一、学生的综合素养和教育信息化投资效率提高、教育信息化评估体系不断完善的趋势发展。

进一步加快教育信息化基础建设，提高总体效益。加快中国教育和科研计算机网以及网络地区中心的建设，大力兴建各省教育科研网的主干网，并实现高带宽、高速率、高稳定性、高可靠性和安全性，提高网络水平，并延伸到学生宿舍，满足学生通过网络自主学习的需要。

统一管理标准和规划信息资源，加强教育信息资源建设，实现资源的共建、共享。尽快建立以国家紧缺人才培训课程资源为重点，涵盖各类院校及培训机构，为广大农村学校、成人学校和培训机构开展学历教育、职业资格证书培训，实现全国互联互通、资源共享。

提高全社会学生的信息素养和教育信息化的投资效率，同时制定统一的评价标准。目前，国际上尚无统一的教育信息化评价指标体系，仍处于探索阶段，但基本认可"微机化加外文化"的基础评价标准。相信，未来20年，国内关于教育信息化的评价和研究工作将会得到较大的发展，评价体系指标也将日趋完善。

虽然我国教育信息化手段与国外相比差距不大,但在技术手段的推广应用和基础设施建设上还有着较大的差距,各种教学软件、网站质量不高,现代信息技术手段在教育中运用发展不平衡等,是制约我国教育信息化发展的因素。我们期望在《国家中长期教育改革和发展规划纲要》的引导下,快速、健康地推进我国教育信息化事业不断向前发展。

三、教师教育技术能力培养

人类已经进入信息时代。科学技术的高速发展促进了社会、政治、经济及人们思想观念的变革,同样也影响到教育观念的转变。教育内容的不断更新、教育手段的日益先进,正在促使教育领域进行全面的改革。

教育技术就是教育改革的制高点,教育技术的运用将导致教育思想、教学观念、教学手段和教学方式诸方面的变化,也将对师生角色及其关系产生深刻的影响。如果教师掌握了教育技术,就可以在教育改革中成功地实现角色的转变,即由单纯的"知识传授者""教学主导者"转变为学生学习的设计者、组织者、促进者和帮助者。特别是作为教学设计者,必须掌握以现代教学理论为基础的教学设计能力,能依据学习需要来设计不同的教学过程和模式。教师运用教育技术的思想和方法,可以在系统方法的指导下,恰当地应用媒体技术来设计或创设不同的学习条件和情境,使教学媒体发挥应有的作用。教育技术在教学过程中的运用,必然会优化教学过程,提高教学质量,能够解决教学改革过程中的一系列问题。因此,教育技术能力是教师专业素质的必要组成部分。

为了加强对我国中小学教师教育技术应用能力的培养,促进信息技术在基础教育领域的有效应用,我国教育部2004年12月正式颁布了《中小学教师教育技术能力标准(试行)》。该标准包括"教学人员教育技术能力标准""管理人员教育技术能力标准"及"技术人员教育技术能力标准"三个部分,其内容涉及意识与态度、知识与技能、应用与创新、社会责任四个方面。标准具体规定了相关人员的教育技术能力结构要求和达到各等级的培训所需的基本内容。该标准是指导我国中小学教学与管理人员教育技术培训与考核的基本依据,下面列出了该标准中"教学人员教育技术能力标准"的内容。

第四节 教学人员教育技术能力标准

一、意识与态度

(一)重要性的认识

(1)能够认识到教育技术的有效应用对推进教育信息化、促进教育改革和实施国家课程标准的重要作用。

（2）能够认识到教育技术能力是教师专业素质的必要组成部分。

（3）能够认识到教育技术的有效应用对优化教学过程、培养创新型人才的重要作用。

（二）应用意识

（1）具有在教学中应用教育技术的意识。

（2）具有在教学中开展信息技术与课程整合、进行教学改革研究的意识。

（3）具有运用教育技术不断丰富学习资源的意识。

（4）具有关注新技术发展并尝试将新技术应用于教学中的意识。

（三）评价与反思

（1）具有对教学资源的利用进行评价与反思的意识。

（2）具有对教学过程进行评价与反思的意识。

（3）具有对教学效果与效率进行评价与反思的意识。

（四）终身学习

（1）具有不断学习新知识和新技术以完善自身素质结构的意识与态度。

（2）具有利用教育技术进行终身学习以实现专业发展与个人发展的意识与态度。

二、知识与技能

（一）基本知识

（1）了解教育技术的基本概念。

（2）理解教育技术的主要理论基础。

（3）掌握教育技术理论的基本内容。

（4）了解基本的教育技术研究方法。

（二）基本技能

（1）掌握信息检索、加工与利用的方法。

（2）掌握常见教学媒体选择与开发的方法。

（3）掌握教学系统设计的一般方法。

（4）掌握教学资源管理、教学过程管理和项目管理的方法。

（5）掌握教学媒体、教学资源、教学过程与教学效果的评价方法。

三、应用与创新

（一）教学设计与实施

（1）能够正确地描述教学目标、分析教学内容，并能根据学生特点和教学条件设计有效的教学活动。

（2）积极开展信息技术与课程的整合，探索信息技术与课程整合的有效途径。

（3）能为学生提供各种运用技术进行实践的机会，并进行有针对性的指导。

（4）能应用技术开展对学生的评价和对教学过程的评价。

（二）教学支持与管理

（1）能够收集、甄别、整合、应用与学科相关的教学资源以优化教学环境。

（2）能在教学中对教学资源进行有效管理。

（3）能在教学中对学习活动进行有效管理。

（4）能在教学中对教学过程进行有效管理。

（三）科研与发展

（1）能结合学科教学进行教育技术应用的研究。

（2）能针对学科教学中教育技术应用的效果进行研究。

（3）能充分利用信息技术学习业务知识，发展自身的业务能力。

（四）合作与交流

（1）能利用技术与学生就学习进行交流。

（2）能利用技术与家长就学生情况进行交流。

（3）能利用技术与同事在教学和科研方面的成果广泛开展合作与交流。

（4）能利用技术与教育管理人员就教育管理工作进行沟通。

（5）能利用技术与技术人员在教学资源的设计、选择与开发等方面进行合作与交流。

第五章 教学新媒体

第一节 教学媒体概述

一、教学媒体的含义

（一）媒体

媒体一词来源于拉丁语"Medium",音译为媒介,意为两者之间。它是指信息在传递过程中,从信息源到受信者之间承载并传递信息的载体或工具,也可以指实现信息从信息源传递到受信者的一切技术手段。媒体有两层含义:一是指承载信息的载体;二是指存储信息和传递信息的实体。

媒体是指载有信息的物体。按《辞海》的注释:媒体是"使双方发生关系的人或事物"。那么,没有承载信息的物体,例如,没有内容的白纸、空白磁带、胶片等不能介绍或引导双方发生关系,因此都不能说是媒体,而只能说是书写、印刷或录制的材料。白纸印上新闻成为报纸、磁带录上音乐信息符号成为音乐带,这时,承载了信息的纸张、磁带才能称为媒体。

人们习惯上把媒体分为硬件和软件两大类:硬件是指储存、传递信息的机器和设备,如照相机、幻灯机、投影仪、录音机、录像机、电视机和计算机等;软件是指能储存与传递信息的纸、胶片、磁带和光盘等。硬件与软件是不可分割的统一体,只有配套使用,才能发挥储存与传递信息的作用。

（二）教学媒体

当某一媒体被用于传递教学信息时,就称该媒体为教学媒体。在教学系统中,包含教师、学生、教学内容（教学信息）和教学媒体等四要素。所以,教学活动可以看作是一个教学信息传递、反馈和控制的过程。它是教师（教学信息的传播者）、学生（教学信息的接受者）、教学媒体（教学信息的载体）三者相互作用的结果。教学媒体在教学中的应用情况已成为影响教学效果的一个重要因素。

从本质上看,教学活动过程是一种获取、加工、处理和利用信息的过程。因此,作为储存与传递事物信息的任何媒体都能作为教学媒体，但事实上，绝大多数新开发出来的媒体首先都不是用在教学上，而是在军事、通信、娱乐、工业等部门使用相当长一段时间之后，才逐步被引进教学领域。那么，教学媒体有哪些特殊的组成要素呢？概括来说，一般的媒体发展成为教学媒体应具备两个基本要素：

（1）媒体用于存储与传递以教学为目的的信息时，才可称为教学媒体；

（2）媒体用于教与学活动的过程中时，才能发展为教学媒体。

任何媒体都能用来存储与传递教学信息，如电影、电视及计算机等媒体，但它们诞生的初期，并没有在教学活动中派上用场，只是一般的传播媒体。只有在它们经过改进，符合教学要求，用于教学活动时，才成为真正的教学媒体。

一般的媒体要成为教学媒体，往往要解决两个关键问题。一是硬件的改造，使它能满足教学活动要求，方便教师与学生使用；同时，要使硬件的价格降下来，能为缺乏经费的教育部门所采用。二是软件的编制，使该媒体所存储与传递的信息是教学信息，并且编制的原则与方法要符合教学活动的要求。

二、教学媒体的分类

教学媒体发展至今，种类很多。为了便于使用和研究，可以将它们进行分类。目前对教学媒体的分类方法有很多，下面介绍几种常用的分类方法。

（一）按媒体的发展先后分类

按教学媒体的发展先后，通常把过去传统教学中常用的媒体称为传统教学媒体，而将20世纪以来利用科技成果发展起来的电子传播媒体称为现代教学媒体。

（1）传统教学媒体。传统教学媒体通常指教学中常用的教科书、黑板、粉笔、挂图、标本、模型、实验演示装置等教学媒体。扩大一点范围，教师本人，包括教师的语言、表情、手势、体态、板书、板画等也是传统教学中常用的教学媒体。再扩大一点范围，传统教学中的校园环境、实验室、实验与实践基地，也可包括在传统教学媒体范畴。

（2）现代教学媒体。现代教学媒体在我国也称为电化教育媒体，主要包括幻灯、投影、广播、录音、电影、电视、录像、电子计算机等教学媒体，还包括它们组合的教学媒体系统，如多媒体综合实验室、计算机网络教室、视听阅览室、微格教学训练系统、闭路电视系统、校园计算机网络系统等。

（二）按媒体作用的感官和信息的流向分类

按这种分类法，可将媒体分为视觉媒体、听觉媒体、视听媒体、交互媒体四类。

（1）视觉媒体：视觉媒体指发出的信息主要作用于人的视觉器官的媒体，如教科书、黑板、挂图、标本、幻灯、投影等。

（2）听觉媒体：听觉媒体指发出的信息主要作用于人的听觉器官的媒体，如广播、录音等。

（3）视听媒体：视听媒体指发出的信息主要作用于人的视觉器官和听觉器官的媒体，如电影、电视、视盘等。

（4）交互多媒体：交互多媒体指使用多种感官且具有人机交互作用的媒体，如多媒体计算机、教学模拟机、双向有线电视系统等。

（三）按媒体的物理性质分类

根据现代教学媒体的物理性质可将媒体分为四大类。

（1）光学投影教学媒体：光学投影教学媒体包括幻灯机和幻灯片、投影仪和投影片、电影机和电影片等。这类媒体主要通过光学投影，把小的透明或不透明的图片、标本、实物投影到银幕上，呈现所需的教学信息，包括静止图像和活动图像。

（2）电声教学媒体：电声教学媒体包括电唱机、扩音机、收音机、语言实验室及唱片、录音带等。它将教学信息以声音形式存储和播放。

（3）电视教学媒体：电视教学媒体主要有电视机、录放像机、影碟机、录像带、视盘、学校闭路电视系统和微格教学训练系统等。它的主要特点是存储与传递活动的音像信息。

（4）计算机教学媒体：计算机教学媒体包括计算机、计算机网络教室、计算机校园网及计算机辅助教学软件等。它能在各种教学活动中实现文字、图表、图像、音视频等教学信息的传递、存储与加工处理，并能与学习者进行交互，从而开展有效的教学活动。

三、教学媒体的特性

英国学者贝茨认为各种教学媒体既有共性，也有各自的特性。他指出，每种媒体都有其独特的内在规律，任何媒体都有各自的优势和劣势；不存在适用于任何教学目标的效果最佳的超级媒体。要在教学中应用好媒体，就必须首先了解和掌握各种媒体的基本特性。

我国教育技术专家归纳出电教媒体的一系列特性，有助于我们理解媒体的教学作用。

（一）呈现力

呈现力表明媒体呈现事物信息的能力。我们知道，信息是事物运动状态与规律的表征。信息不是事物本身而是事物的表征，它是用不同的符号去表征或描述的，从而决定了媒体有不同的呈现能力，呈现力由以下诸要素决定：

（1）空间特性：空间特性指事物的形状、大小、距离、方位等。

（2）时间特性：时间特性指每样事物出现的先后顺序、持续时间、出现频率、节奏快慢等。

（3）运动特性：运动特性指事物的运动形式、空间位移、形状变换等。

（4）颜色特性：颜色特性指事物的颜色与色调属性。

（5）声音特性：声音特性指事物的声音与音效属性。

各类媒体呈现事物的空间、时间、运动、颜色、声音等特性的能力是不同的，也表明了各类媒体表征事物运动状态与规律的能力是不同的。

电影与电视能够以活动的、彩色的图像和同步的声音去呈现事物的运动状态与规律，它能全面呈现事物的空间、时间、运动、颜色与声音特性。因此，具有极强的信息呈现力。但由于它瞬间即逝，不利于学生细心观察与思考。

幻灯、投影类媒体，在呈现事物空间与颜色特性方面有较强的能力，而且能放映出更大和清晰的彩色图像，但在时间、运动性方面就不如电影与电视。然而正因为它是静止的图像，因此能够让学生详细地分析和观察事物的细微部分。

广播与录音是借助语言、音乐，与事物实际音响来呈现事物运动状态与规律的，它具有声音与时间特性。对用语言描述的空间与颜色特性，则是不具体的、抽象的。

（二）重现力

媒体的另一重要特性是对信息的重现能力。实时的广播与电视瞬间即逝，难以重现；录音、录像与电影媒体能将信息记录存储，反复重放；幻灯、投影也能按教学需要反复重放；计算机课件存储的信息则能按学习者的需求重现。

（三）传播力

任何媒体都具有扩散的传播性，以各种符号形态把信息传递给受信者（信宿），只是不同媒体在传播的范围上各有差异。广播与电视能将信息传送到十分广阔的范围；计算机网络系统和有线电视播放系统，也能把信息传至所有终端；至于幻灯、投影、电影、录音、录像等只能在有限的教室与教学场所进行传递。

（四）可控性

可控性是指使用者操纵控制媒体的难易程度。幻灯、投影、录音、计算机都比较容易操纵，并适于个别化学习。电影放映则必须接受专门训练才能操作使用。至于无线电和电视广播，只能按电台和电视台播出的时间去收听、收视，使用者难以控制。

（五）参与性

参与性是指利用媒体开展教学活动时，学习者参与活动的机会。它可以分为行为参与和感情参与。

交互式计算机媒体，使学习者能根据本人的需要去控制学习的内容，是一种行为与感情上参与程度高的媒体。

电影、电视、广播具有较强的表现力与感染力，容易引起学生情感上的反应，从而激发学生感情上的参与。

小组放映投影片时，师生能以面对面的方式呈现材料和进行学习、讨论，使学生在行为上积极参与。

学生独立选择各类教学媒体进行自学时，是行为参与程度较高的一种学习活动。由上述可知，各类媒体具有不同的教学特性。因此，在教学活动中应根据教学内容、教学对象选择合适的媒体，只有充分发挥媒体的长处，才能取得良好的教学效果。

四、教学媒体在促进教育变革和发展中的作用

从传播学的角度来看,教学是向学生传递各种知识和能力的过程,它是一个有目的、有组织的传播活动,在传播过程中,教学媒体是一个重要因素,传播是通过媒体进行的。因此,媒体作为人体的延伸,将对教育产生多方面的重大影响。

(一)影响教师的作用

在语言媒体和文字媒体阶段,教师是教学信息的主要来源。教师是极少数拥有"知识"的人,在教学过程中具有绝对的权威,对学生的教育全面负责。印刷媒体出现后,书本和教师一样是教学信息的主要来源,学生不仅能向教师学,也可以向书本学。电子媒体阶段的到来、众多现代教学媒体的诞生为学习者提供了丰富的学习资源和众多的信息渠道,教师不必面对学生进行灌输教学,而是组织与指导学生利用多种媒体资源进行有效的学习,或者编制高质量的课件和网上课程去教更大规模的学生。

(二)影响教学内容

媒体的发展也影响了教学内容的变化。文字媒体的出现,使书写成为重要的教学内容;教科书的出现,大大扩充与规范了教学内容。同样,现代教学媒体的出现与应用会在更大范围影响课程的开设与教学内容的更新。例如,当前我国中小学开设了信息技术课程,在高等院校也增设了不少课程与专业,扩充、更新了课程的教学内容。

(三)影响教学方法

一定的教学媒体决定一定的教学方法。在语言媒体阶段,教学媒体是语言、实物和人体器官,那么教学方法就只能通过口耳相传、示范、模仿和联系。随着多种现代教学媒体进入课堂,计算机网络进入校园,能采用的教学方法越来越多,多种媒体既能辅助以教师为中心的课堂教学,也能为学生自学、小组协作学习、网上远程学习等方法的发展提供物质条件。下面提出常用的几种利用教学媒体教与学的策略。

(1)辅助以教师为中心的课堂教学。当前我国学校教育,大多数仍保留着以教师为中心的课堂教学方式,要彻底改变这种教学方式,还需相当长一段时间。但多种教学媒体进入课堂,利用多媒体优化组合、配合教师的讲授,可以创建一种新型的教学模式,将对解决教学重点、难点,提高教学质量,缩短教学时间,提高教学效率起重大作用。

(2)创建以学生为中心的课堂学习模式。多种媒体进入课堂,有利于将课堂教学转化为以学生为中心的学习模式。例如,利用多种媒体设置一定的教学情境,采用发现和探究式的学习方法,在教师指导下,学生通过媒体进行学习,不断发现问题、解决问题,直至达到掌握教学目标要求的知识与能力。

(3)个别化学习。随着电化教育媒体的发展,特别是交互式计算机课件的开发与利用,为学生个别化自学提供了有利条件。在个别化教学中,学生能自主地选择适合的媒体,媒

体也能根据学生的知识水平和兴趣提供合适的内容,供学生进行有效的自学。个别化学习的方式随着教学媒体的发展而迅速发展起来。

(4)协作学习。随着多媒体计算机技术的发展,尤其是网络的开发与利用,为学习者的协作学习创造了有利的环境与条件。通过计算机与网络,不同地点的学习者可以同时或非同时进行协作交流,为个人或小组取得最大化的学习成果提供保障与支持。当前已有实时同地、实时异地、同地异时等多种计算机支持的协作学习类型。

(5)利用媒体进行学生技能的训练与实践教学。一些媒体特别适合学生技能的训练与实践,例如,在语言实验室中,可以利用录音带训练学生的口语听、说能力;在微格教学实践中,可以利用播录像媒体训练师范生的教学技能。

(6)选用媒体实施远程教学。利用无线电与电视广播、计算机网络可以将教学信息传递至很广、很远的范围。这些媒体为实施远程教学提供了有利条件,近年来远程教学正在蓬勃发展。多种多样媒体的开发与利用,正在引起教育的重大变革。我们应该积极开展媒体教学试验,掌握媒体的特性与教学规律,创建多种有效的教学模式,促进教育的改革与发展。

五、教学媒体编制的基本原则

教学媒体开发应包括硬件的建设与软件的编制,关键是软件的编制。在编制教学媒体软件时,应遵循以下几项基本原则:

(一)教育性

编制的教学媒体软件,对于向学生传播某门学科的基础知识,发展学生的能力,培养学生的思想品德,促进学生的全面发展,应能起到良好的作用。

要实现上述要求必须注意:①要有明确的目标;②要根据教学大纲,围绕重点、难点进行;③适合学生的接受水平。

(二)科学性

编制的教学媒体要具有高度的科学性,能正确反映科学基础知识和现代科学技术发展水平。

要实现上述要求必须注意:①要以马克思主义为指导思想,坚持正确的思想政治方向;②选用的材料、例证和逻辑推理,都必须是科学的、符合客观实际的、经得起考验的;③各种实际操作必须准确、规范;④所表现的图像、声音、色彩都要符合科学的要求。

(三)技术性

编制的教学媒体,要图像清晰、声音清楚、色彩逼真、声画同步,要保证良好的技术质量。

要实现上述要求必须注意:①制作教学媒体使用的设备,要具有良好的状态;②制作人员要熟练掌握有关技术，如摄像人员要对用光、取景、景别的转换，镜头的组合，用得恰到好处。

（四）艺术性

编制的教学媒体，要有丰富的表现力和感染力，能激发学生的情感，引起学生的学习动机，提高学生的学习兴趣和审美能力。

要实现上述要求必须注意以下几点：①教学媒体的内容要反映大自然和社会生活中的真、善、美的事物；②画面构图要清晰匀称，变换连贯、流畅、合理；③在光线与色彩上，要明暗适度，调配恰当，使观者感到舒适；④在音乐与语言上要避免噪声，音乐要和景物与动作相配合，语言要抑扬顿挫，使听者愉快，从而收到较好的教育效果。

（五）经济性

编制教学媒体要考虑经济效益，以最小代价得到最大收获，即力争用最少的人力、材料、经费和时间，制成大量优秀的教学媒体。

要实现上述要求必须注意以下几点：①编制教学媒体，要有周密的计划，要合理地调配人力、使用材料、核算经费、安排时间；②编制教学媒体，要以是否符合教学要求、能否取得所追求的教学效果为前提。

六、教学媒体利用的基本原则

（一）发展性原则

这一原则就是要求选用教学媒体时应考虑它在多大程度上能发挥教育作用，促进学生各方面的发展。因此，应遵循教学目的的要求，从学生身心发展需要的角度出发，科学地选用教学媒体。

（二）综合性原则

这一原则要求在选用教学媒体时，要避免单一，应综合、多样、互相补充使用。教学的追求是多方面的，所有的媒体也都有其长处和短处，综合使用多种教育媒体就可以取长补短，充分发挥教学媒体的整体功能，尽量满足教学的多种需要，避免不良后果。

（三）经济性原则

这一原则的要求是选用教学媒体时应考虑教学媒体的投资效益，尽量降低成本，少花钱、多办事，应选用能达到所期望的教学目标投入最少的媒体。

（四）教学最优化原则

可以说这是选用教学媒体的根本原则和根本要求。它是指把选用教学媒体的过程放在整体的教学设计中，充分考虑教学的各种因素，协调教学媒体与教学其他方面的关系，使教学媒体的功能服从整体教学设计，以取得最佳教学效果。

七、教育媒体的选择依据

为达到预期的教学目标,需要在丰富多彩、功能各异的教学媒体中进行选择。虽然至今还没有一个简单明了的公式或表格能用来将任何特定媒体和某一具体课程目标相配合,但有些经验是可以借鉴的。

(一)依据学习者的特征

学习者的特征主要是指学生的年龄、兴趣、动机、认知风格和认知技能等。不同年龄段学生的兴趣爱好和学习动机不完全一样,认知技能也不相同。比如,小学生的认知特点是以直观形象思维为主,对学习内容主要采用机械记忆方式,注意力不容易持久集中,这个阶段可以较多地使用幻灯、电影和录像,这些媒体表达信息的特点是内容生动形象,符合小学生的认知特点。

(二)依据教学任务

依据教学任务主要是指选择教学媒体时要考虑教学目标、教学内容的性质及采用的教学方法等。

为达到不同的教学目标,常常需要使用不同的媒体去传递教学信息。以外语教学为例,知道各种语法规则和能就某个题材进行会话是两种不同的教学目标。前者可以通过教师讲解,辅以板书或投影材料,并结合各种语法练习进行学习,而后者往往采用角色扮演并辅以幻灯或录像资料,使学生在情景交融的沟通条件下,掌握正确的言语技能。

不同学科的教学内容性质不同,对教学媒体会提出不同的要求。如在语文课的散文教学中,可以借助录像等视听媒体向学习者提供一定的情境,使学习者有身临其境的感受,以加深他们对课文的理解和体会。又如数学的运算可以通过教师的严密推导来进行教学。而化学的物质结构可以借助于模型来加以理解。

应该注意的是,在讨论教学媒体选择时,切不可将其与所使用的教学方法相割裂。尽管同一种媒体承载着相同的信息,但是由于使用媒体的方法不同,得到的效果也会大相径庭。

(三)依据客观条件

客观条件主要涉及媒体的易获性、适用性等。教学中能否选用某种媒体,还要看当时当地的具体条件,其中包括资源状况、经济能力、师生技能、使用环境、管理水平等因素。

除了以上三点外,选择学习媒体时,还要考虑媒体自身的特点,如信息的表现形式、媒体的交互可控性等。

第二节 教学媒体的发展和应用

一、教学媒体的发展

教与学活动过程是一个信息获取、加工、处理和利用的过程,在这一过程中所采用的媒体,称为教学媒体。教学媒体在教学中的运用和演进,是课堂教学信息容量扩大化和表现形式多样化的必然要求。教学媒体在人类教育教学发展过程中经历了漫长的过程。其中传统的语言、文字、书籍在人类教育的发展过程中发挥了重要作用,随着信息技术的发展及个人电脑和移动终端的普及,出现了信息化、全程化、互动化的教学媒体,这些变化促进了教与学过程的紧密联系。对教师来说,合理运用教学媒体可以使教学手段更加丰富多样、教学内容更加形象生动、教学模式更加灵活高效,有利于实现教学目标;对学习者来说,丰富的教学媒体使学习过程更加生动有趣、学习内容更加容易接受、学习方式更加自由灵活。但教学媒体作为教学活动中联系教与学双方的媒介,要服务于教学活动的整个过程,不仅要求教师要灵活运用教学媒体,而且需要结合学习者的认知规律和教学目标来合理地利用教学媒体。

(一)教学媒体的发展历程及其特点

教学媒体的发展历程可划分为传统教学媒体阶段和现代教学媒体阶段。传统教学媒体阶段又分为原始教学媒体阶段和古代教学媒体阶段。

在原始教学媒体阶段,教学媒体包括人体各部分的器官、生产生活用具和各种事物以及口头语言,形象直观是它们的最大特点,其局限性是这些媒体依赖于具体的生产和生活过程,离不开人类的亲身传授,不能超越时间和空间传递教学信息,因而教学活动过程中,信息交互的效率较低,教师在单位时间内发出的信息量极其有限,留给学习者思考的空间较大,而学习者由于缺乏有效的媒介,对学习内容的掌握理解也难以全面深入,学习活动受时间和空间的限制较大,学习效率不高,学习的知识量有限。

古代教学媒体阶段。从人类进入古代阶级社会一直到19世纪末。在这一时期,文字书本的出现及其在教学上的应用是教学媒体的一大进步。文字书本具有信息量大、便于携带和保存的特点而成为教学中的主要媒体。但由于文字较抽象,教师很难用语言文字表达较为抽象的内容,学习者面对枯燥的文字描述,容易造成教学枯燥、僵化、乏味,教学效率较低,对学习内容的理解主要依赖学习者的思考,学习的时间和空间虽然得到拓展,但教学媒体单一对学习效率的促进作用有限。

现代教学媒体阶段。这一阶段可分为两个时期。第一时期是从19世纪末到20世纪50年代。在这一时期,电教媒体被逐步引入教学,教育媒体开始出现电子化和现代化的特征。

19世纪末，幻灯进入教育领域；进入20世纪后，电子科学技术发展突出，电子化媒体亦频频问世并应用于教学实践，推动教育媒体由视觉媒体、听觉媒体向视听结合媒体发展。视听媒体提高了教与学过程中信息传输量和交互效率，拓展了对知识的认知维度。

第二个时期为20世纪50年代至今。在这一时期，教学媒体由视听结合媒体发展到多媒体综合运用，由单项传递发展到交互作用。90年代以后，由于网络技术的发展，出现了多媒体网络教室、计算机远程教学等教学形式。21世纪，个人电脑和智能手机移动终端的普及，为教学媒体提供了更加灵活的载体，教学媒体也由多媒体向全媒体发展。信息量大、传输效率高、突破时间和空间约束是这个阶段的共同特征，有力推动了"以学生为主体"的教学理念的发展，教学活动更有利于满足学习者个体的学习需求，教师的教学活动突破了空间和时间的约束，不再局限于课堂之上，教学方法手段也丰富灵活，学习者的学习活动支配更加自由。

总之，传统教学媒体历经长时间的发展，已经非常成熟，并且已经得到了普遍认可。在现代教学媒体阶段，教学媒体的种类日益丰富，功能也日趋完善，教学媒体在教学中的地位逐步提高，引发了人们对教学媒体应用理论的深入探讨，促进了教育教学理论的进步与发展。

（二）教学媒体的发展对教学活动的影响分析

1.教学媒体对教学理念的影响

（1）传统教学媒体孕育了"以教师为中心"的传统教学理念。传统教学媒体在发展过程中也逐步形成了"以教师为中心"的传统教学理念，即教师借助语言、板书、教材等传统教学媒体，以教师个人的眼神、表情、手势等无声语言作为教学过程中的导控信息，激发学习动机、启发学习思路，完成教学活动的过程。"以教师为中心"的传统教学是传统教学媒体阶段主要的教学思想，在人类的教学活动中发挥了重要作用，具有简便易行、经济实惠的特点。它以语言和抽象的文字作为传达教学信息的媒介，学习者通过无声的文字和口头语言接受信息，通过耳听、脑思、手写完成教学过程，由于教学媒体较为单一，因此媒体与教学目标匹配较为简便易行，教学成本投入较少，但对于复杂抽象理论的教学效果并不突出，亟须先进的教学媒体与教学内容深层次结合，促进教学活动的深入发展。

（2）现代教学媒体孕育了"以学生为主体"的现代教学理念。"以学生为主体"的现代教学是20世纪50年代提出来的，经过近半个世纪的争论，直至在1998年召开的世界高等教育大会上才最终确立，但"以学生为主体"的现代教学理念的推广与教学媒体的发展是分不开的，尤其是随着网络信息技术的发展及其在教学中的不断应用，学习者的主体地位被充分体现。这种教学理念下的课堂教学，一方面有利于引导学习者激发学习动机，学习过程更加个性化，有利于培养自学能力、创新能力；另一方面真正突破了课堂教学的时空限制，让教学随时随地满足学习者的学习需求。但是这种教学理念在高等院校教学过程中往往给学习者造成错觉，认为学习是个人行为，教师无须过多干涉，放弃了传统教学的优良传统,比如课上不再做课堂笔记,对抽象内容一味依赖形象的展示,而不去进行推理思考,导致对知识的掌握只处于表象,而缺乏深层次的逻辑推理,从而影响了教学目标的实现。对于教师来说,在教学实施中如完全放弃传统教学理念,而在限定时间的课堂教学过程中完全实施新的教学理念,由于缺乏成熟的教学实施方法往往难以把握教学进程,影响教学目标的实现。

综上所述,在传统教学媒体条件下,传统教学理念属于"面向整体"教学,教学过程按照相对稳定的流程满足学习者整体需求,最终实现整体教学目标。而在现代教学媒体条件下的现代教学理念逐步向"面向个体"的教学活动发展,教师能更加全面地掌握个体的学习需求,完成教学引导,但在教学过程中需要实现个体教学需求与整体教学目标的统一,就需要综合利用各种媒体,拓宽教学活动的时间和空间,使课上以面向整体的教学为主与课下以面向个体的教学为主共同完成教学活动,有效实现教学目标。

2. 教学媒体对教学模式的影响

在传统教学媒体条件下,由于教学媒体相对单一,教学模式也以讲授式教学为主,教师只要有一支粉笔、一块黑板和良好的沟通与交流能力,就可以打造出一个精彩的课堂,在教学过程中更注重知识的传授,学习者需要在生活与社会实践中把知识理解转化成指导实践的理论依据。这种教学模式存在两个方面的不足:一是由于教师对教材内容的理解存在差异,导致学习者接受教师传递的信息本身可能存在错误;二是这种教学模式导致学习者获得知识的途径较为单一,缺乏有效的知识拓展,导致学习者质疑能力、发散思维的培养受到限制,最终影响对学习者创新能力的培养。

随着社会的进步,在讲授式教学的基础上,创新教学方法,在教学中充分调动学习者学习的积极性、主动性,培养学习者主动思考、主动发现、主动探索的自学与创新能力,成为迫切需要在实践中探索的教学难题之一。而现代教学媒体的不断应用,为教学方法的创新提供了重要支撑和推动,翻转课堂、情景式等先进教学方法得到广泛认可。在实施翻转课堂教学模式时学习者仅利用教材完成课外自主学习难以达到较好的学习效果,多种网络化的教学媒体对翻转课堂的应用具有重要支撑作用。综上所述,教学媒体的发展有利于推动教学模式的创新。

3. 教学媒体对教学方法的影响

传统教学方法主要以讲授法、问答法、演示法为主,这些教学方法依赖的教学媒体也多以教材、板书为主,在一定程度上传统教学媒体限制了教学方法的创新。讨论式教学、互动式讲授等新兴教学方法,往往需要大量教学资源的在线支持,而教学媒体为建设丰富教学资源提供了重要的技术支撑。尤其是网络化的教学媒体资源,可以使教师和学习者随时查看教学资源。例如,在讨论式教学中学习者可以迅速查阅资料进行总结归纳形成自己的观点,这将使讨论式教学的应用更加便利。总之,教学媒体的不断丰富为教学方法的创新奠定了重要基础。

4.教学媒体对教学实施的影响

传统教学媒体条件下教学组织过程较为简单，教师根据教材形成教案，课堂上通过讲授和板书完成课堂授课，课程结束时通过笔试完成课程考核。幻灯片、多媒体课件出现后，教师课前准备除了要形成教案之外，还需要思考如何根据教学对象和教学内容特点，合理利用幻灯片和多媒体课件进行教学展示，最终完成教学目标。在慕课、微课等教学媒体出现后，还要制作慕课，针对重点知识点制作微课，因此教学组织过程在初次使用新兴教学媒体时将变得较为复杂，但随着课程资源的不断建设，教师的授课将更加灵活自如，学习者的学习将更加灵活高效。另外，现代教学更加注重对学习者能力的考核，运用多种媒体资源可以实现更加全面的考核方式，有利于达到教学目标。

（三）教学媒体的综合运用原则与方法

传统教学媒体在漫长的实践过程中得到了充分的检验，并在人类教学过程中发挥了重要支撑作用，现代教学媒体是应用现代信息技术对传统教学媒体的升级，在教学过程中应继承和发扬传统教学媒体优秀经验，发挥现代教学媒体优秀特点，才能推动教学质量的不断提升。

1.教学媒体应适于教学内容

不同教学内容要达到教学目标需要学习者大脑激发的学习能力也不同。例如，对于高等数学等基础理论课程来说，更多的是需要逻辑推理思考能力，学习者接受知识运用知识所花费的时间往往较长，如果在教学中完全采用多媒体等先进教学媒体，则留给学习者的思考时间较少，较难进行完整的推理思考，不能有效的理解掌握，因此可以以传统的板书为主要教学媒体。而对于过程复杂、难以实现的实验来说，采用网络技术、虚拟现实技术开发虚拟仿真实验用于教学过程，往往可以起到较好的学习效果。因此，教学媒体的运用应根据教学内容的特点合理选择使用。

2.教学媒体应服务于教学目标

院校教学都有明确的教学目标，无论采用什么样的教学媒体都应服务于教学目标，而随着网络化、移动化教学媒体的应用，以及"以学生为主体"教学理念的不断被广泛接受，学习者个性化的学习需求往往容易脱离教学目标，导致教师难以把握教学进程甚至难以全面掌握学习者的学习情况，从而影响教学目标的达成。因此，教师在应用教学媒体时，紧紧瞄准教学目标，不能脱离教学目标，使教学媒体服务于教学目标。

3.教学媒体应体现实用高效

在教学实践中发现，媒体组合不宜过于复杂，而以简洁实用、少而精、省时省力、易于操控为佳。要提高教学投入的性效比，也就是不仅要确保教学媒体好的应用性能，还要对教学效果有显著的效果。能用传统教学媒体讲清楚的，则不用现代教学媒体；能用简单媒体的，则不用复杂媒体；能用低成本媒体的，则不用高成本媒体。现代教学媒体操作总要占用一定的教学时间和资源，因此教师课前要熟练掌握所使用媒体的功能和操作方法，各种附件和软件要准备齐全。

二、教学媒体的应用

教学媒体的发展使教学活动突破了时间和空间限制,对教师和学习者的教学活动产生了深远影响。如何高效利用传统和现代教学媒体完成教学活动,提高人才培养质量是教师迫切需要解决的问题,因此,从教学理念、教学模式、教学方法、教学实施四个方面正确认识教学媒体的影响,顺应教学媒体发展趋势,在教学中合理利用教学媒体,必将促进教学质量的大幅度提高。

(一)教学媒体的应用历程回顾

现代教学媒体是随着信息技术的发展而发展起来的。19世纪末,幻灯进入教育领域,使教育者看到了其在教学中的巨大潜力,但限于技术方面的原因,当时能展示在课堂上的东西仍然非常有限。20世纪初至40年代,随着技术的进一步发展,广播、录音、电影开始在教学中应用。1913年爱迪生曾预言:"十年以后,我们的学校系统将彻底改观。"40年代电影在教育领域中得到了广泛的应用,但由于成本高、制作复杂,使得它在40年代末电视等更为经济方便的媒体出现之后便退出了教学领域。由于技术方面的原因,电视真正进入教学领域则是在五六十年代,而此时教学机器因为设计已趋于穷尽,难以处理复杂的教学内容,使得其在走过了50年代末60年代初的兴旺时期之后停顿了下来。到20世纪70年代末,虽然CAI效果并不明显,可整个80年代全球仍掀起了计算机教学的热潮。进入90年代以后,由于计算机多媒体技术和网络技术的发展,多媒体教学和网络教学又引起了人们浓厚的兴趣。直到今天,人们仍在一直追寻着新媒体的脚步。

在我国,电影、广播于30年代开始进入课堂教学,50年代到60年代前期,幻灯、录音、电影开始进入城市中小学校。曾提出"三年普及幻灯",购置了大批电影设备,但录像技术引进之后,电影放映教学很快被淘汰。我国从80年代初期就开展从事CAI的应用与实践,并进行了多种媒体优化组合教学的实验,但在全世界潮流的冲击下,实验成果还没来得及全面推广,多媒体计算机教学、智能教学系统、虚拟现实教学等就已取而代之。

纵观现代教学媒体的发展过程,毫不夸张地说人们为之投入了极大的兴趣和热情,几乎每一种新媒体都是在人们的一片欢呼声中进入教育领域的。我们一直在追求最新媒体的脚步,憧憬着应用媒体的初衷能够实现,但当我们冷静下来,反观以往的研究和实践应用现实与我们预期相关甚远。产生这种现象的原因是什么,在今天仍然需要我们认真分析。

(二)问题分析

1 物质建设方面

(1)设备应用水平的提高滞后于技术的发展。由于被使用于教学领域中的大部分媒体,都需要使用者有一个适应的过程,教学媒体不会去适应使用者。学校花费大量资金购置的设备还没度过使用者的应用技术的瓶颈期,便在新技术磁力影响下,而被无情地淘汰,更不要说进行应用领域的深入研究和教育功能的开发了,计算机媒体的更新换代便是一个典型的例证。

（2）符合教学要求的媒体软件不多。技术的进步使各种教育软件如雨后春笋般涌现出来，但既符合教学要求又能被教师在教学中有效地解决实际教学问题的太少。尤其是当今新技术的复杂性和融合性，加大了教育软件的开发难度。因此既重视前期的设计和开发，又经过教学实验来验证其有效性，最后又利用实验数据作为评价参考的软件太少了。因而听到教师们抱怨软件不好用也不是什么新鲜事了。拿来主义（将就现成软件）、哗众取宠（缺乏使用价值）、喧宾夺主（影响教学效果）是对目前软件的真实写照。

2. 研究方面

教学媒体的研究不是教育技术的核心，却是和实践联系最紧密的。众所周知，由于每一种新媒体产生并用于教育领域总是需要一定的时间，相应地，专门对教学媒体的研究也要滞后一段时期。目前教育技术的理论框架中含有教学媒体的理论与实践，但涉及的只是有关教学媒体的发展和分类及特点、选择原则、应用原则等条条框框的东西，而在如何与教学内容、教学方法具体相结合方面几乎是空白。因此，最终呈现在我们面前的是"许多被新技术包装的教学媒体产品和打着各种先进思想旗号的研究论文"。

3. 教师应用方面

教学媒体必须要通过教师的教学应用才具有说服力。但目前现代教学媒体在基础教育应用过程中出现了诸多问题：有的是媒体设施被闲置，只当"摆设"；有的是以"观摩课""示范课""公开课"等方式成为教学的点缀；有的是为"炫耀"媒体技术功能，过度使用而使课堂呈现"虚假的繁荣"，学生看过就算学过；有的是拿18世纪的思想利用21世纪的技术，使满堂灌变成了"电子灌"，或被机器牵制，让"鼠标"牵着鼻子走等。凡此种种都表明：现代教学媒体技术与日常课堂教学应用之间还存在着巨大的鸿沟，教师最终也只能沦为"教育工人"，只懂得一些局部的机械操作，只能听从"教育专家"和领导的安排，这也就形成了限制教学媒体有效应用的恶性循环。

笔者认为，目前教学媒体没有得到有效应用的主要原因，是与应用实践相吻合的理论研究和实践积累不够；技术培训缺失，教师就很难度过技术应用的瓶颈期，自然难达到像用粉笔加黑板那样，自如地将教学媒体用于日常课堂教学，也就难以发挥媒体技术的优势。

（三）提高教学媒体应用效应的主要因素

笔者认为妨碍现代教学媒体推广和有效应用的不是技术或经济方面的原因，而是心理的、组织的、政治的、文化等方面的原因。

1. 决策者因素

库本教授在《教师与机器：1920年来教学技术在课堂中的使用》一书中指出：从历史上看，不管是电影、广播，还是电视教育节目，这些教育技术都未能在课堂中得到真正的推广，原因在于教师考虑问题的角度往往不同于教育政策的制定者。随着技术的发展，教学媒体的科技含量越来越大，成本越来越高，其贬值速度也越来越快。所以当包含高新技术的媒体产品引入教育中时，一旦决策失误，所造成的经济损失是巨大的。90 年代中期，一些学校盲目引进计算机，后来都成为装饰品，这给政策制定者敲响了警钟。因此，必须对教学媒体的引入与利用进行整体规划，才能提高投资的回报和效益，而不是盲目崇拜指引下的盲目实践。

2. 教师是关键因素

早在 20 世纪 80 年代，就有研究表明，一项技术（或者一种工具）应用于教学的效果取决于使用者如何使用，而不是技术本身。可见，教学媒体本身不能决定教学效果，教学效果的到位程度主要取决于教师的应用能力。有许多人都认为信息技术操作能力是关键，可有关研究已表明教师的信息技术操作能力对于在教学中自觉使用信息技术并没有起到根本性作用。

技术的发展非常迅速，如果把重点放在学习媒体的操作技能上，则永远跟不上技术的发展步伐。所以教师的主要工作不是学习媒体的操作技术，而是将口头上的理念转化为实际的教学实践。只有让教师亲身感受到教学媒体在基础教育中应用的优点，才能从内心接纳，变"要我学，要我用"为"我要学，我要用"。

3. 学术研究的引导因素

Tessmer 曾强调研究要集中于设计和教学过程，不要在软件和硬件上花费过多精力。他认为在研究中应先思考不可见的（策略、结果、假设），然后再思考媒体工具。

教学媒体的应用设计是其应用研究的重点，只有这样才能发挥媒体效益和取得最佳教学效果。例如有关媒体的使用条件、适用的目标、可能产生的预期和非预期的学习结果以及媒体适用于解决哪类教学问题、在什么条件下造成哪些新的问题等。

4. 要树立科学的媒体教学观

自出现"媒体"以来，人们普遍认为媒体是指承载、加工和传递信息的介质或工具。当某一媒体被用于教学目的时，则被称为教学媒体。如果今天我们还单纯地持这种固化的观点，自然使使用者不能正确地看待其在教学中的地位和作用，那么现代教学媒体在教学中将永远只是一种辅助工具，永远处于"局外人"的身份。因此，我们必须克服"媒体技术工具论"的影响，实现认识上的转变。

美国学者把现代教育称为"一种基于信息技术的技术教育时代，现代教育离不开媒体技术的支撑"。而支撑媒体技术的应用，首先是与其发展同步的理念，然后才是一个个物化了的媒体。"教学的深化改革需要媒体做技术支撑，媒体作为技术的升华应用需要理论做指导"，这才应该是科学的媒体教学观。

基础教育是一个十分复杂的系统，若不协调好其与媒体技术和教学艺术的关系，单从媒体设备、技能培训、教学资源建设等要素入手，难有根本性突破。要真正实现现代教学媒体在基础教育中的有效应用，必须以人为本而不是以媒体技术为本；从实际的教学需要出发，而不是从媒体技术出发。只有将教育教学过程中各方面的因素结合起来，才能充分、合理、有效地发挥它的功能效益和优势，从而达到优化教育的目的。

第三节 ASSURE 教学媒体应用模式

混合学习是教育领域出现的一个新名词,但它的理念和思想却已经存在很多年。所谓混合式学习(Blending Learning)就是综合运用不同的学习理论、不同的技术手段及不同的应用方式来实施教学。混合学习实际就是面对面的课堂学习和数字化学习两种方式的有机整合。

混合学习是传统课堂学习模式和对媒体网络学习模式的一种整合,是两种教学方式相互融合的产物。

一、ASSURE 模型概述

ASSURE 模型是一个系统地整合教学媒体与技术,计划和实施教学的过程指南。它是一个引导教师完成系统化设计主要步骤的教学设计模型,主要步骤如下:①分析学习者:主要分析几种对媒体和技术的选择起决定作用的特征,如一般特征、入门能力、学习风格;②陈述教学目标:教学目标要描述清楚,作为教学结果,学生能做什么,还要指明在什么样的条件下,在何种程度上,学习者取得特定的学习成果;③选择教学方法、媒体和材料:一旦我们确定了学习者和学习目标,那么教学起点和终点就能明确,我们就要选择一定的教学方法和媒体材料去实现起点到终点的过渡;④使用媒体和材料,包括预览材料、准备材料、准备环境、让学生做好准备、提供学习体验;⑤要求学习者参与:有效的教学,要求学习者精神集中,投入地学习。在教学过程中,应安排各种教学活动让学生能有机会练习学得的知识;⑥评价与修正:评价和修正是设计高质量教学的最重要步骤,主要包括对学生学习成绩的评价和对媒体教学、学习方法的评价。

二、混合学习中 ASSURE 教学设计模式

混合式学习具有其自身特点,即整合了传统教学和数字化教学的优势,在教学方法和教学策略上进行多样化混合,故我们要对 ASSURE 模型进行适当的修改,以指导有效教学设计。混合学习将传统的教学与数字化教学的优势整合,所以教学设计模式用两个维度来说明,传统教学和数字化教学对应的评价方法也相应不同。

(一)分析学习者

无论是传统的面对面的教学还是网络化教学,都需要对学习者进行分析。主要包括学习者一般特征、入门能力及学习风格的分析。一般特征包括年龄、年级、工作或职位及文化和社会背景。对学生特征的分析会对教学方法和教学媒体的选择产生很大的影响。入门能力是指学习者已经具备的知识和技能。如果学生已经掌握了计划教授知识,那么就可以

省略那一部分知识的教学过程。学习风格涉及学生的差异性，它是指一组心理特征，能影响我们对刺激的感觉和反应。

（二）陈述教学目标

不管混合学习采用的是哪些方法和策略的混合，在网络环境下还是面对面的环境，都要向学习者陈述教学目标。当然在不同的环境下，陈述目标的方式不一样。明确教学目标可以促使我们选择合适的教学媒体和教学方法。

（三）学习内容的分析

对学习内容的分析是修改的一项，对学习内容的分析对教学策略的选择起很大作用。不同的学习内容适合不同的教学方法，如有的内容课堂面对面教学效果较好，而有的实施网络教学效果好。这就要对学习内容进行充分详细分析，确定其采用的教学方法和教学策略，判断其是数字化学习适合还是传统的教学适合。

（四）选择教学方法、媒体和材料

网络化的学习和课堂教学都涉及教学方法和媒体的选择，其选择过程是首先按照学习任务确定适当的教学方法，然后选择与之相应的媒体格式，最后按照特定的媒体选择、修改教学材料。

（五）使用媒体和方法

在这一步骤中，教师要将上步选择的媒体和方法，运用到教学中。混合学习中，如果是数字化学习环境下的内容，因为没有面对面的直接接触，应创设灵活生动的情境，引导学生。

（六）鼓励学习者参与

学生的积极参与会提高学习效果。多年来，不同的学习理论如行为主义、认知主义、建构主义等都强调着反馈的重要性。传统教学中的讨论、临时测试等都能提供练习和反馈的机会，而数字化教学中的实时聊天、问答、讨论等一系列的活动都能促进师生、生生之间的交流，所以在不同的教学策略中都应该积极鼓励学生的参与。

（七）评价和修正

混合学习的评价是综合传统学习和数字化学习中评价的综合，是形成性评价和总结性评价的综合。评价包括学生成绩的评估和对方法和媒体评价以及对教师的评价。在数字化学习中的评价方式采用网络评价，如何应用教学平台的技术手段，为学习者的学习行为、过程、结果等进行评价。在传统的教学中则采用书面及其他传统的评价手段。这两种教学行为的评价都是形成性评价和过程性评价的结合。评价不是教学过程的终结，而是下一个有效教学的开始，通过评价，再对教学的过程进行修正。

混合学习作为一种新的学习理念，强调与课程的整合。ASSURE模型指导的教学设计步骤清晰，将其与混合学习的特点相结合，总结出的教学设计模式对以后混合学习的教学设计有一定的指导意义。

第六章 信息化教学设计与融合

第一节 信息化教学设计

一、什么是信息化教学

教育信息化是把信息技术手段有效应用于教学与科研，注重教育信息资源的开发和利用，要求在教育过程中较全面地运用以计算机、多媒体和网络通信为基础的现代信息技术，促进教育改革，从而适应正在到来的信息化社会提出的新要求，对深化教育改革，实施素质教育，具有重大的意义。教育信息化具有突破时空限制、快速复制传播、呈现手段丰富的独特优势。教育信息化的核心内容是教学信息化。

二、信息化教学设计存在的必要性

（一）全球信息化趋势带来教育信息化契机

置身于全球化大背景下，信息化已不仅仅是智能工具的应用，更是完全颠覆了人们原有的学习方式、交往方式、生活方式和思维方式等。很多传统纸媒被数字媒体所替代，读报纸变成读手机新闻，除了电话沟通以外，还可以应用qq群、微信、微博等社交媒体交流信息。

（二）学生学习的需要

青年学生的特点是精力充沛，对新鲜事物好奇心强，同时，面对越来越多的外界干扰和诱惑，在没有形成强大的目标和驱动力之前，学习专注力低，持续力弱，需要明确知道学习进度如何，需要监督或打赏激励。传统的教学，老师讲课，学生听讲；互联网时代，人手一部智能手机，教师必须和游戏、影视剧"争抢"学生的注意力。

（三）教师需要利用大数据信息化反馈，提高教学效果

信息化时代，也是大数据的时代，学生既是服务对象，也是学习成长的主体，良好的学

习成长需要学生的积极参与。教学过程中对学生学习行为的监控分析，也能够检测教学环节是否有效，通过闭环反馈，不断修正提高教学水平，实现更新、创新，更好地服务于学生。

三、明确信息化教学设计的目标

（一）充分体现"以人为本"

信息化教学只是一种方法和手段。教学内容再充分，教学设计再花哨，也不能脱离教育的本质。教育的本质是关注人，关注学生在学习过程中各种能力的成长，而不是关注某个知识点或某种教学手段如何具有表现力。信息化教学仍然要注意不能偏离教育的本质，无论使用什么教育方法，都要充分体现以人为本，而不是以物为本。"以人为本"，所有的教学素材的选择、教学过程的安排，都以调动学生学习积极性，以学生能够学懂、爱学为目标，绝不能因为素材华丽，弃之可惜，而硬塞在教学过程中。该舍弃的要舍弃，该补充的要补充，不断与时俱进。因此，首先要认真分析学情，了解学习对象有什么样的学习特点。其次，根据学生的特点和未来社会发展的需求，来制订教学方案。目标是通过使用数字化学习方法，培养学生终身学习的能力。

（二）充分发挥课堂信息量充足和表现力强的优势

除了文字说明外，尽可能多采用图片、动画、视频等介绍说明，表现更为形象直观。学生容易理解，学习更快。

（三）充分发挥学生参与度高和自主性强的优势

利用信息化手段多创造互动环节，学生的学习从被动听讲到主动参与，能明显提升学习效果。

（四）充分发挥计算机处理大数据强大的运算能力

在课前、课中、课后分别设置考核点，形成完整的教学反馈，通过数据统计反映教学情况，老师知道学生掌握得怎么样，该怎么教，学生知道差距在哪里，该怎么学。

四、信息化教学设计的具体实施

（一）组建教学团队，课程建设精品化

组建教学团队，发挥教师专长，落实教学设计、制作动画、拍摄视频、后期处理、建设题库等环节，并搭载现有学习平台，建设精品课程。

（二）教学设计

如何选择设计内容。在教学设计内容的选择上，不是所有内容、所有知识点都需要一并进行信息化教学设计的。教学过程信息化是逐步的过程，不是一蹴而就的。要优先解决关键知识点，优先解决学生不易理解，不会运用的知识点。在教学的过程中，逐步发现问题，逐步解决问题。在知识点的选择上，应优先选择属于课程重点难点、直观性差、不易理解的内容。针对知识点提出教学目标，并逐步分解目标，设计具体的实现路线，明确实现步骤。

如何表现设计知识点。采用分析故障现象等方法提出问题，并明确要达到的目标，找到二者之间的差距，逐步分析问题。对逻辑性强的知识点，配合动画演示和理论推导，能增强学习效果。

如何设计教学环节。以内燃机配气正时为例，分别设置以下教学环节："课前测试"，考察前期知识掌握牢固程度和预习情况，翻转课堂；"课上启发"，引导学生自主进行理论推导，得出结论，并将结论内化；"课后测试"，测试当堂学习效果；"课后拓展"，变化工作条件，让学生以小组为单元自主研究分析，通过分析练习掌握分析方法；"课后作业"，练习巩固学习成果，不致遗忘。

向游戏设计学习设计思路。游戏是让很多家长和老师深恶痛绝的东西。与其盲目地反对和制止游戏，不如研究一下游戏是如何吸引人的。从而，我们引导学生把时间、精力用在更有价值、更有意义的学习和生活中来。游戏之所以让玩家欲罢不能，是因为游戏设计很讲究，抓住了玩家的心理特征。首先，游戏设计零门槛，易上手，即便是几岁的小朋友，也很容易树立信心；其次，由简到难、循序渐进，获得成就感；再次，游戏让你很清楚你现阶段的目标，如何实现，现在走到哪一步了，对整个进度了如指掌；最后，设置积分、龙虎榜等反馈奖励机制，激发玩家的成就感和好胜心。教学设计也需要借鉴游戏设计的心理机制。知识点通俗易懂，容易树立信心；由简到难，循序渐进，让学生逐步找到成就感；让学生清楚自己的学习目标、实现路径、学习进度，并及时反馈奖励，激发学生学习的成就感和好胜心；注重团队合作，通过合作共同进步，形成相互促进的正向朋友圈。

如何进行教学评价设计。教学信息化程度的提高，伴随而来的是学生学习评价难度的提高。一般在线作业，都是客观题，学生只花几分钟时间就可以"完成"，而且很容易参考其他同学的作业，教师不能得到真实的教学评价数据。在课堂上检查学习成果，受时间所限，很难完全了解每一个学生的情况。利用 UMU 软件中的"视频作业"，可以真实检查学习成果，弥补课堂反馈时间有限的不足。在视频作业中，学生需要讲解分析解决问题的思路，最不能"造假"，而且锻炼提升了学生的口头表达能力。

通过信息化教学设计，实现用网络加强师生、生生相互之间的联系沟通，通过数据的比较分析，使教师更客观地掌握学生的学习情况及学生的特点，找到更适合的方法，有效地引导，并提升学生的学习能力和知识水平。随着信息化程度的加深，信息化必将有力地推动教育现代化。

第二节 混合学习设计

一、基于慕课的混合学习教学设计

信息技术的高速发展带来了教育理念、教学模式和学习方式的深刻变革，传统课堂教学受到史无前例的强烈冲击。传统课堂学生课堂参与度不高，师生互动较少，课堂教学效果和满意度不高，学生获得感不强。传统课堂学生的主动性和创造性没有被全力挖掘出来、难以实现个性化、考核评价模式单一等。慕课的出现似乎给课堂教学带来了一种新的课堂教学改革路径。国务院发布《"十三五"国家信息化规划》鼓励高等院校建设在线开放课程和公共服务平台。自2012年，慕课经历了快速扩张、反思、平稳可持续发展几个阶段。慕课因有内容精品化和碎片化、学习过程自主性和个性化、学习对象的广泛性和公平化、评估的实时性和科学性等优点而广受学习者追捧。但慕课也存在诸如课前不能快捷地将学习资源精准推送给学生、学习过程中遇到困难不能及时解决、学习进度难以追踪、学习效果反馈不及时、学习干预不完善等问题。通过对传统课堂、慕课教学现状的困境成因进行深入分析发现，只有将传统课堂的优势与慕课深度融合，各取所长，才能提高课堂教学效果，提高混合学习的有效性。其中，混合学习教学设计是提高教学效能的关键因素之一。在此背景下，构建科学合理的混合学习教学是当前混合学习相关研究的热点。

（一）混合学习教学设计的基本内涵

1.混合学习内涵

混合学习，Curtis Bonk（柯蒂斯·邦克）定义为"面对面教学和在线学习的结合"。美国培训与发展协会的Singh（辛格）等人认为混合学习是一种采用不同传递方法以降低成本和优化传出的学习方式，即在适当的时间，为适当的对象，以适当的传递媒体，通过适当的方式，提供适当的学习内容，以最小的投入获得较高的学习收益。

研究者Orey Michael（迈克尔·奥瑞）等人从设计者和学习者的角度对混合学习两个方面考察了混合学习的本质，认为混合学习是通过整合面对面学习和网络学习，提升课堂学习效果，并通过信息技术的创新应用实现对学习的拓展。Bernard（鲍勃·伯纳德）等人对高等教育中的混合式学习的本质与学习效果进行了分析。

上述关于混合学习的定义分别从学习环境、教学方式、教学方法和教学绩效方面进行了描述，从不同的方面揭示了混合学习的本质，同时也反映了国外研究者对混合学习所关注的内容各有不同，但本质都是为了提高教学效果与效率。

国内关于混合学习的研究和实践也已经开展了很长时间，主要体现在通过优化教学过程实现教学效果的最优化。例如，我国电化教育学界的泰斗南国农先生最早对混合学习的理念和要素进行了实践探讨与反思。北师大何克抗认为，混合学习体现了以教师为主导学生为主体的教学方式，极大地激发学习者的积极性、创造性和能动性。学者李克东、赵建华等人认为，混合学习能够根据具体问题和所授知识的需要，选用不同的教学方式和策略解决问题，以最小的成本取得最大的效益。国内学者对混合学习比较一致的观点是：混合学习不仅是学习方式的混合，也是各种教学要素的混合。因此，混合学习是依据一定的教学目标，综合利用面对面传统教学和数字化教学的优势，综合学习内容、学习者和教师特征、学习环境等因素对教学媒体和方法等进行选择、组织、实施或运用，以实现教学效益最优化。

2.混合学习教学设计

教学设计对于顺利实施和开展教学活动、保证教学质量和效果尤为重要。混合学习教学设计是为了提高混合学习的有效性而对相关要素进行统一规划和统筹的过程。混合学习的要素主要包括学习者、教学者、辅导者、学习环境、学习资源、学习过程和教学评价等。进行混合学习教学设计时要对这些要素进行综合考虑，以确保这些要素在教学过程中能发挥最大效能。近年来，教学设计的研究与实践主要集中在学习资源与环境的设计研究、教学策略设计、教学评价方法与学习共同体的构建研究等方面。同时，MOOC等在线学习的兴起，对混合学习教学设计提出了更多更高的要求。混合学习是对建构主义的深化，主要体现在混合学习理念对人的关注。因此，基于慕课的混合学习教学设计，就是通过服务学生的学习过程，设计学生主体进行实践活动的环境，关注学习者的整体性和完整性发展，促进学生更加富有智慧地学，教师更加富有智慧地教。本节将从教学流程、学习过程、学习活动、媒体选择、学习资源与环境等方面进行设计研究。

（三）基于慕课的混合学习教学设计

1.混合学习教学过程的基本环节

进行混合学习教学设计之前，首先需要了解混合学习教学过程包含的基本环节。混合学习著名学者 Bersin Josh（乔希·贝尔辛）认为，混合学习教学过程应该包含定义学习需求、制订学习计划和测量策略、基础设施与内容的选择及执行计划、过程跟踪与测量四个基本环节。

（1）识别和定义学习需求。学习者的学习需求是多样的，包括获取知识、发展智力、培养技能和态度等。只有明确学习者的需求，在混合学习设计时才能有的放矢，设计出具有针对性的教与学程序。学习需求与教学目标具有一定的相关性，因此在识别混合学习者的需求时，可以先从分析教学目标入手，进而与学习者个体建立联系。确定需求之后，需要对学习需求进行分析，以便从概念层次上理解和细化学习需求，如考虑在教学过程中实现学习者需求的流程及操作程序等。

（2）制订学习计划和测量策略。在分析学习者特征的基础上，制订具有针对性的学习计划并设计了解计划实施的测量策略。学习者特征通常表现为学习风格、原有知识及技能水平、智力水平、认知发展水平等学习素养等方面的内容。学习者特征对学习者影响很大，包括他们对知识的态度、接受程度等。因此，了解学习者特征有助于学习计划的制订与有效实施。针对学习计划贯彻和实施情况的测量，可以采用过程性测量和终结性测量等形式，其中过程性测量具有诊断功能，能够帮助教师更好地了解学习计划的执行情况。

（3）基础设施与内容的选择。在实施混合学习之前，要了解开展混合学习的基本环境条件，即相关基础设施和学习环境配置情况，以保障顺利开展在线学习。在设计和准备混合学习基础设施时，需要优先考虑网络带宽、学习关系系统的限制、学习时间限制、哪些内容适合课堂学习、哪些内容适合网络学习、针对学习内容的量规标准（评价标准）等因素。

（4）执行计划、过程跟踪与测量。该环节主要是执行学习计划、跟踪学习过程、对学习结果进行测量。执行计划阶段所涉及的因素很多，如学习者参与活动的情况、辅导情况、任务完成情况等。要对这些要素进行及时监控，以保证学习计划高质量实施。配合计划实施过程的有效手段是对学习者的学习进行跟踪，以了解学习者参加混合学习的基本情况。通常采用的方法是记录学习过程的相关数据，根据测量数据变化情况可以了解学习者在参与混合学习过程中的变化情况，以反映学习者是否达到预期的学习目标、混合学习过程是否有效、学习计划是否被有效实施等。

2. 混合学习教学设计模型

系统化的教学设计模型是教学设计理论的抽象化图形描述，以其操作性强、可视化等特点而成为培训和教育领域课程设计与开发的指导性设计模型。混合学习教学设计模型是在实践中形成的，体现混合学习教学理念，教学流程并不固定。因此，在混合学习实践应用领域，利用混合学习教学设计模型指导混合学习过程，可以取得更好的效果。

（1）传统教学系统设计模型 ADDIE。学者祁卉璇认为传统教学系统设计模型包括 Analysis（分析）、Design（设计）、Develepment（开发）、Implimentation（实施）、Evaluation（评价）五个阶段。该模型对分析混合学习过程和进行混合学习系统教学设计具有参考和借鉴价值。

Analysis（分析）：在教学系统设计的分析阶段，需要考虑对学习过程所涉及的要素进行系统性、开放性、协同性规划。这些要素主要包括学习者、学习目标与内容、学习环境、学习资源等。

学习者学习的过程即是知识建构的过程，不同的学习者对学习内容的理解、反应、领悟的速度等都不相同，因此只有通过对学习者的入门技能、已有学业能力水平、知识基础、学习动机、群体特征等进行分析才能因材施教。学习目标分析（或教学目标分析）是明确学习目标的过程，即学习者通过学习后，他们能达到什么目标，需要掌握哪些知识、技能，需要控制哪些行为方式等。通过学习内容分析，可以确定与学习者相适应的学习方式；可以确定哪些内容适合进行传统课堂教学，哪些内容适合进行网络学习。学习环境是学习者进行探索和学习的场所，对学习环境的准确分析能为学习者的学习提供良好的条件。学习环境是将对学习者学习提供支持、帮助的内外部条件。学习资源不仅包括学习内容和学习资料，还包括人、媒体、策略、方法及环境条件等要素。

Design（设计）：主要是针对教学过程的设计，如教学过程组织、学习活动设计、教学媒体选择等。

Develepment（开发）：教学系统设计的开发阶段主要是指开发每个教学过程的具体步骤，如对课堂资源和课外资源的开发等。

Implimentation（实施）：实施是教学系统设计的关键环节，它将教学设计应用到实际教学或培训过程中。

Evaluation（评价）：教学实施后，其学习目标是否顺利达到、新的学习方式与模式比原有的是否更有效等，这些都依赖于科学的评价标准和评价方法。

当然，传统的教学系统设计模型还有 ASSURE、ASPIRE 等模型，其核心内容与 ADDIE 模型相当。

（2）基于慕课的混合学习教学设计。教学活动设计是开展教学活动的根基，也是影响课堂教学效果的关键因素。本研究在借鉴 ADDIE 等模型与翻转课堂教学模式的基础上，以"项目驱动、问题导向"为设计理念，融合、创新教学设计。本节基于慕课的混合学习教学设计模型将从前期分析、混合学习教学设计、评价设计三个方面进行阐述。

1）前期分析阶段。科学合理的教学设计是取得良好教学效果的关键，而教学设计离不开对其研究对象的分析。在基于慕课的混合学习教学设计中，教学设计者应从教学目标、教学内容、学习者、课堂教学效果影响因素等方面进行分析；同时还应将教学实施者的信息化教学能力因素考虑其中，以确保提高学习效果与效率。

2）混合学习教学设计阶段。混合学习教学过程是教学实施者、学习者、学习环境、学习媒介等要素相互作用的动态过程。基于慕课的混合学习教学设计从课前导学、课中研学、课后练学三部分进行教学设计。

课前导学：通过简单易懂的方式将学习者引入课前导学阶段。此阶段在线上慕课平台上进行，包括浅学和深学两部分。教学设计者根据学情向学生推送项目任务书、项目描述及相关音视频等资料，学生根据音视频资料进行浅学；在此基础上，学习者根据教师下发的任务单进行稍微深一点的深度学习与自主学习，拓宽学习内容、激发学习兴趣，使项目问题变得更加清晰。学习者完成课前导学测试并通过慕课学习平台将结果反馈教师；同时，学习者将课前导学过程中的学习体会、遇到的疑问记录下来，以便教师在课中研学阶段进行针对性、个性化的指导。

课中研学：在课前导学基础上，此阶段主要是针对重点知识、技能，容易出错的问题、疑难杂症问题等进行深入探讨并最终解决问题，此阶段在面对面课堂上实施。教学实施者首先对当堂知识的重难点内容做精练讲解。其次，对课前导学阶段疑难杂症等问题进行针对性的解答。此阶段以学生小组为单位进行协作与探究学习，教师加以适当点拨，提高学习效果。最后，在课堂学习活动结束后教师组织学生汇报成果，对尚存疑问进行交流、反思，并完成课堂达标测评等内容。

课后练学：此阶段主要是对知识、技能进行拓展深化与应用。此阶段在慕课平台及线下实施完成。首先，学习者在慕课平台上通过项目作业、测试、拓展学习资料等环节的学习进行提升、拓展。其次，教师根据课堂测评结果进一步优化设计课后巩固练习，指导学生对知识进行查漏补缺。最后，基于慕课平台的智能评价系统提供实时的反馈信息，对整个学习过程进行监控、干预，提高学习成效。

混合学习教学设计，还包括学习资源设计开发、混合学习环境设计、教学实施策略等内容。混合学习教学资源开发设计方面，采用"自建+改造+引进"的模式，基于慕课平台云端及混合学习特点，开发验证性、探究性等实训项目，促进学习者自主与深度学习的发生。教学实施策略选择与学习环境设计方面，主要对课程师资、教学资源、课程评价、基础设施等因素进行综合考虑，以确保混合学习教学设计可以顺利实施。

3）评价设计阶段。评价是教学的重要组成部分，其目的在于促进学习、检查学习成效，通过评价过程中的反馈信息及时进行教学设计的动态调整。本研究基于数据挖掘、学习分析等技术，对学习者学习过程的行为数据（学习过程交互性、参与度、持续度等）、学习结果数据等多个维度进行多元评价。设计的发展性学习评价系统，支持学习者学习过程数据全程抓取、探究路径记录、学习进度督导、学习预警等功能。通过发展性评价促使学生实时发生教学反馈，提高学习效能。

传统面对面教学、远程教学及混合学习的目标均是为了提升教育质量和人才培养质量。基于慕课的混合式教学是课堂教学的一种延续性创新。本研究设计了基于慕课的混合学习教学设计模型，从前期分析、混合学习教学设计、评价设计三个方面进行了阐述，重点从课前导学、课中研学、课后练学等方面对混合学习教学设计进行了详细阐述。虽然研究中应用了班级差异化教学、小组合作研创性学习、个人自主适应性学习、群体互动生成性学习等教学策略及学习分析技术，但在挖掘学生深度学习、学习者学习行为分析、学习策略调整、学习干预等方面还需要更多的实践与创新，也有待研究者和实践者进一步深入研究。

二、混合学习理念下的微项目教学设计

项目教学是把理论知识以若干个项目模块的形式呈现，以建构主义学习理论为基础确立的教学方法。项目教学过程中，学生是项目推进的主体，教师是引导者和组织者。学生以项目中的任务为导向，加深对知识的理解，从实践中解决具体问题。

"微项目"教学是"项目教学"模式的"精缩版"，是通过课程设计，细化任务内容，将项目意识贯穿于整个教学过程中。其能够激发学生的探索欲望，促进学生内化知识，建立自我知识体系，从根本上帮助学生深化分析、辨析、协作、交流等综合能力，切实提高学生的核心素养。

（一）"微项目"教学的作用

1.创设微项目情境，激发学生学习兴趣

"微项目"教学可以为学生创设微项目情境，尽可能提供一个接近真实岗位的任务。学生置身于岗位任务之中，真切感受不同工作岗位的需求和挑战，并通过任务驱动的方式推进学生对知识的深层理解、吸收和应用。

2.树立角色意识，促进学生能力提升

"微项目"教学是课程标准和岗位实践相结合过程中摸索出的新路径。在微项目中，学生是主体，是项目活动的参与者；教师起主导作用，适时给予学生鼓励和指导。学生主动观察、思考和总结，个性得到了尊重，能力得到了提升。

3.多元评价结合，总结提升拓宽思维

灵活采用学生自我评价、小组内互评、小组间互评等多元评价方式，能够从微项目参与度、任务完成度、个人能力提升度等多个层面对学生进行评价。企业项目负责人进行点评，使形成性评价与终结性评价并行，综合测查学生对知识的应用能力和实际解决问题的

能力。

(二)"微项目"教学的实施过程

微项目教学法的课程设计环节包括项目确定、计划制订、活动探究、作品形成、成果汇报和整体评价六个部分。

第一,微项目选择是关键。教师团队要在微项目选择之初对课程知识和学生能力进行调研与评估。微项目的任务要具体、操作性强,由此来替代传统单一的实训任务。

第二,计划制订要符合规范并贴合学情。微项目教学计划的制定,必须以学校的教学大纲和教学目标为基础。为保障微项目法能够顺利开展,教学计划还要结合学生实际合理安排和调整时间。同时,还要考虑到学生的知识技能水平、知识获取习惯等,更要考虑社会对职业学生能力素养和技能的需要。制订计划过程中,要力求从项目实施到完成的每一个步骤和过程,都能让所有学生主动参与,并善于通过小组合作的方式完成任务。

第三,活动探究提倡以学生为主、教师为辅的原则,践行"以学生为中心"的教学理念,以锻炼实践能力为导向,促进学生在自主探究和小组协助的过程中提升分析问题、解决问题和组织协调的能力。活动探究过程中,结合混合式学习的环境,让混合学习理念在教学过程中起到巨大作用。探究活动可以在线上、线下同时开展,既能借助线上资源优势,拓展学生解决问题的思路,又能利用信息化手段提高工作效率,可谓一举多得。

第四,作品形式可以多样。对于工科类课程,作品可以是某个重要配件或设计图;对于文科类课程,作品可以是整体设计中针对某一环节的解决方案或任务表格等。作品不拘泥于形式,只要能达到巩固知识、提升素质的目的即可。

第五,成果汇报环节是提升综合素养的重要手段。此过程既是对微项目探究、解决过程的总结和梳理,又是学生提升归纳总结能力、语言表述能力的重要手段和有效途径。观点的分享与碰撞还可以激发学生的竞争意识,锻炼和提高学生逻辑思维能力、独立分析和解决实践问题的能力,推动学生之间协作能力的培养,为日后就业的团队配合打下基础。

第六,多元方式进行整体评价。学生个人、小组内部、小组之间、教师、企业项目负责人都可以对汇报成果进行评价。教师先对提交的成果进行验收,并与企业项目负责人一起分析,给出具体改进意见。期间,学生可以对自身问题或其他组的分享进行点评和交流,最后全体成员对微项目进行总结。

(三)混合学习理念下微项目教学的个案实践

现以《海运》课程内容为例,深入探讨在混合学习的支撑下,如何进行微项目教学课程设计和实践。

海运课程一直是跨境电商、物流等专业的重要内容,尤其在我国开展"一带一路"以来,这部分知识就更具有现实意义。然而,学生在校期间很难接触相关业务,这就会影响学生的认知和理解,造成对知识内容理解不深。传统学习方式枯燥乏味,不利于学生对知识的掌握和吸收。自从引入微项目教学法,采用线上+线下相结合的混合式学习后,学生的学习积极性显著提高,同时对海运有了深入理解。具体实施如下:

1. 微项目确定

由于海运知识内容庞杂,就海上货运船舶的介绍而言,就已经涉及了十多种不同功能、不同特点的船舶,其对货物属性分类及要求更是复杂。学生每每学到此处都觉得枯燥,记忆知识更加困难,无法转化为内化知识。在与相关企业做了交流后,在此内容的教学中,教师采用微项目,把海运的项目任务进行详细划分,从学生生活入手,激发学生的好奇心和学习兴趣。

结合学生学情和当地经济和产业情况分析,学生所在城市是珠三角的著名工业城市,每个镇区都有特色产品远销海外。在《海上货运船舶概况》课程中,教师设计微项目——为家乡特产选择合适的船舶。这个项目的确定有利于学生综合运用所学知识,同时在完成微项目的过程中达到了了解家乡、热爱家乡、提高促进家乡经济繁荣意识的目的,充分考虑了教学设计中的德育渗透和课程思政。

2. 计划制订

微项目计划制订之初,是以镇区为单位自然分组,选择组长共同研究。增强各自镇区属地的使命感和责任感,小组配合制订素材搜集计划,如家乡的特产名称从哪里收集?产品特性何处了解?各类海运船舶是否能经停本地等等。并在分工后积极开展调研实践活动。小组的有效运行也是微项目教学顺利开展的条件之一。

3. 活动探究

混合式学习理念为微项目的开展提供了有力帮助。采用线上线下混合式学习方式,学生通过网络信息搜集、整理,了解了当地丰富的特产资源;通过钉钉、微信等平台与企业专家沟通,明确了特产的货物属性和海运注意事项;再借助当地相关部门开放平台了解本地海运货物吞吐量和停靠船型;最后将资源上传到小组讨论区进行分享。团队成员一起进行项目需求分析和实施方案制订,通过思维导图整理思路,根据微项目任务书中的内容将货物进行分类,并尝试选取相应的船舶,最终通过集体分析论证得出初步设计方案。在此过程中,学生的网络信息素养得到提升,团队配合意识和责任意识显著提高。同时在分析问题、解决问题的过程中,把所学知识融会贯通。

4. 作品形成

教师要随时掌握各小组的微项目进展,如发现微项目推进不力的情况,可以适当点拨。

通过线上讨论或下线指导等形式帮助学生解决问题。但是，指导内容不宜过多，大胆放手，适度让学生经历从失败到成功的磨炼，才能达到微项目设计的目的。

微项目教学法的实施，增强了学生对所学理论知识的梳理和巩固，达到了学以致用、融会贯通的目的；同时，也较好地提高了学生适应真实工作的能力，提升了振兴家乡经济的意识。

5. 成果汇报

项目结束后，小组推荐宣讲人上台宣讲设计报告中的解决方案。设计报告包括家乡特产及属性特征、船舶选择及依据、航运中的注意事项等。宣讲内容遵循设计报告的内容开展，有心的小组还绘制了效果图，以佐证自己的观点。如沙溪镇的特产是服装，学生制订的方案是用杂货船运输，航行过程中要与大蒜、茶叶等有明显气味的货物分开放置……此组同学在总结处更对本地的经济发展提出了自己的想法：目前沙溪的服装处于贴牌、代加工的低端水平，如果能注重产品设计和质量、合理营销，中国服装行业将拥有属于自己的世界品牌。到那时，服装不会再用杂货船运输，而是采用防皱、防潮的挂衣集装箱。

6. 整体评价

作品汇报结束后，采用多元评价方式，包括自我评价、相互评价、教师评价相结合的方式。按照统一标准进行评比并采用百分制评分。各项目组成员及企业导师、教师共同讨论设计方案，并提出改进意见，为各个小组完善设计。若改进后评分仍不足 60 分，实践成绩记为不及格。

本节提出并实践基于微项目的教学模式，应用过程中达到良好的教学效果。在教学设计中，结合微项目教学实施过程，以及学生在理论学习过程中的实际状态，正确设计和执行微项目教学的步骤。同时教师还要给予适当的指导，让学生顺利进行理论与实践知识的学习；最后，组织学生进行微项目的成果展示，并让学生分享、讨论和修改。学生在获得成就感和主动性的基础上，提升了学习质量。

混合学习环境下的微项目教学设计是专业教师善于思考、勇于实践、乐于创新的成果，也是专业课程教学改革的体现。可以看出，持续系统地设计微项目任务，不仅能为每一位学生创造很好的实践机会，而且锻炼了学生独立自主完成项目的能力。学生的竞争意识和团队协作精神得到了改善，创新创造能力得到了培养，热爱家乡的意识和思维得以提升。这些能力的锻炼，为学生独立分析和解决问题奠定了基础。同时，微项目教学具有广泛的实用价值和推广价值，可以尝试在各个学科专业课程中使用。

三、促进自主学习的混合教学设计

自主学习（autonomous learning）是一种以人本主义心理学和认知心理学为基础的现代学习理念和学习方式，是指学习者通过自我选择、自我内化而实现的一种自律、自主的学习活动。相较于以教师为中心、学生处于服从和被动地位，忽视学生个性的传统灌输式教学，自主学习重视个体差异，鼓励学习者在教师的正确引导下，根据各自的基础和学习特点，选择恰当的学习内容、学习方式和学习场所，充分发挥了个人主观能动性。在信息爆炸、科技日新月异、人工智能呼啸而来、职业变动成为常态化的今天，大学生自主学习能力的培养尤其必要和迫切。

但是从目前高校现状来看，大学师生尚未为自主学习做好充分准备。一方面，长期应试教育指挥棒下成长起来的大学生，尤其地方院校的大学生，已经习惯于教师"满堂灌"授课方式下的被动学习，自主学习意识弱化，需要通过教师的合理引导促进其自主学习能力的提升；另一方面，引导学生自主学习需要教师通过多样化的教学途径、教学手段和教学评价设计，创设基于学生个性特征的知识建构和能力、素质养成的有效学习环境，对高校教师的教学设计能力提出了更高要求。

近年来，随着 MOOC 到 SPOC 等互联网+教育浪潮的推进，混合学习（blending learning）在各类高校中得到广泛研究和应用。选取 2012—2016 年中国知网数据库以"混合学习"为关键词的相关论文分析显示，混合学习已进入应用阶段。在此背景下，基于促进学生自主学习的理念，在电子信息类专业多门专业课程中进行了两年多混合学习的教学探索。实践证明，一方面，学生对混合学习的认知度、参与度、满意度都有较高的评价，相对传统课堂更喜欢该模式；另一方面，由于学生对自主学习所要求的主动思考、善于提问和学习管理适应不足，影响了自主学习的效果。有效自主学习需要教师改变传统教学模式，借助于混合教学模式，对学生的个性特点和认知需求进行认真分析，针对不同类型知识点进行分类教学设计，创设合理、新颖的学习情境、学习活动和评价机制，以激发学生的学习动机和兴趣，充分发挥学生作为学习过程主体的主动性、积极性与创造性。

下面主要通过笔者对混合教学的实践和思考，探讨地方应用型高校实施促进学生自主学习的混合教学设计原则、策略和方法。

（一）混合学习模式与教学设计原则

混合学习是指在"互联网+"背景下传统学习和数字化学习优势的结合，是线上、线下学习环境的混合，也是师生面对面交流学习、学生合作学习与碎片化自主学习方法的混合，还是富媒体化学习资源的混合和基于问题导向和案例、任务驱动等学习模式的组合。其核心理念是"低投入高产出",即支持不同学习者应用个性化的学习方式,利用相对灵活的时间,获得最佳的学习效果。实现有效混合学习对教师的教学设计能力提出新的更高要求。

1. 混合学习模式的构建

实现学生混合学习的教学设计,以学习者的学习目标(预估学习成果)为出发点。

电子信息类专业课程的知识与技能可以分为识记性知识(包括事实性知识和概念性知识)、程序性知识(技能性)和能力型知识(学习者对所学知识和技能内化后的产物,主要指学习者运用所学知识、技能解决实际问题的能力,包括元认知能力)。区分不同类型的知识是教学设计环节对课程知识点进行拆分、归类,开发设计学习资源的前提。过程和方法目标是学生通过课程学习掌握和提升的能力目标;情感态度和价值观目标则是课程学习对学生多种意志和品质的锻炼和培养。

在当前应用型地方院校的工程类专业教学中,工程教育专业认证因其突出教学目标产出导向(OBE,即 Outcomes-Based Education),以学生学习成果、毕业达成情况为中心,并持续改进培养质量的核心特征,集中体现了自主学习理念,成为工程类专业课程教学改革的主流趋势。因此,我们将电子信息类专业课程混合学习目标聚焦于学生学习成果和毕业时应具备的实际能力,强调教学活动设计应围绕学生的实际能力及未来职业发展需要,重视培养学生适应未来、适应社会的综合能力和素质,不再过度关注类似识记性知识的结构化学习任务,而是更多地关注学生通过更具挑战性的项目化、综合性学习任务,以培养其质疑、分析、探究、实践、合作和沟通、决策的能力,培养在工程情境下解决系统问题所需的创新能力、高效利用信息能力、组织沟通能力和规划能力等,实现更高思维水平的深度学习。

师生双主结合,形成学习共同体,才能完成混合学习的建构。教师借助移动学习平台为学生提供学习导航,实现在线资源推送,对课前、课后学生学情进行分析、评价与干预,为线下组织课堂深度学习活动提供依据。而学生借助于移动学习平台在课前、课后实现相对时空自由的自主个性化、碎片化学习、课前入门测和课后出门测及生生间、师生间在线交流、互动。在课堂上可以通过参与教师主导下的个人探索、小组讨论、合作任务、成果展示等活动实现知识内化,充分锻炼自己,实现不同层次、不同类型学生个体的学习目标。

2. 实现混合学习的教学设计主要原则

(1)学习过程适度结构化。学习过程的结构化是指对学习时间、地点和内容的明确规定。适度的结构化学程有助于学生养成良好的自主学习规律,实现个性化知识建构,保证学生自主学习的动力和效果。由于混合学习是对传统学习模式的革新,学习者不仅要进行课程知识加工,还要对学习方式、资源类型等额外分配注意力,可能增加其外部认知负荷,从而影响其混合学习有效性。为保证低投入高产出，应建立相对稳定的学习流程，提前规划每周（单元）学习进度，以帮助学习者逐步形成规律的学习节奏。结构化程度要适度，给不同学习风格、知识水平及学习目标的学习者提供适当的时空弹性。例如，每周课堂学习时间固定，课前观看视频的时长、次数则不受限制，课前入门测试和课后出门测试可以多次刷分等。

（2）导学设计便捷可视化。混合学习环境提供了更丰富的资源、工具与技术，但如果信息呈现方式不当，碎片化、冗余信息过多，易导致学生信息迷航或认知超载，因学习目标不明确、学习进度受阻而产生焦虑、自卑等不良心理反应，导致学习低效甚至无效，影响学习积极性。因此，教师在混合学习教学设计中应提供便捷清晰的学习导航。使用课程知识地图、概念图等知识可视化工具，帮助学生了解知识模块定位，明确知识流向，促进碎片资源系统化；使用单元导学任务单、课堂活动概念图、思维导图等，既可作为学生知识建构、思维交流和评价反思的支架，也有助于学生合理规划学习时间，选择资源呈现方式和内容，减少学习盲目性，实现个性化学习，还有助于引导学生通过知识建构、思维训练和学习评价活动，促进自主学习能力的提升。

（3）学习任务差异化和资源多样化。从多元智能理论出发，学习任务的差异化设计是基于现阶段地方院校生源质量的差异及学生学习基础、个性与学习方式的个体差异。借助在线资源，基于学生个性特征分析的多样化呈现形式和针对学习要求差异的层次化内容的提供，加之课上小组合作和教师的合理评价的引入，为实现因材施教、差异化混合学习提供了条件。在满足课程大纲基本要求的前提下，设计基本任务、一般任务和提高任务，适应不同层次学生的学习需要。

多样化资源建设与差异化学习任务对应，针对不同知识点、知识类型及学习者提供视频、语音、文本等不同形式，挑战性低、中、高不同的案例，满足不同层次、不同类型学生自主选择学习的需求，充分挖掘潜力，调动所有学生自主学习的积极性。

（4）学习评价与反馈的平衡化。学习评价的平衡是指对学生自主混合学习的形成性评价与课程总结性评价方式的平衡，自评与互评、小组评价、教师评价等多元评价主体的平衡，线上学习成果实时评价与线下课堂评价的平衡。学习反馈的平衡化设计则是对混合学习环境下师生交流使教师剧增的课外工作量的合理降低，教师可以设置一段时间（如24h）内对学生提问或测试结果的在线反馈。平衡化学习评价和反馈的主要目的是实现师生及时有效地互动，激励学生持续维持自主学习动力，逐渐变被动学习为有效自主学习，并通过学习态度、行为和效果的综合衡量，克服以往仅以卷面成绩定终身的片面性，鼓励"各尽所能，人人皆可成功"。

（二）基于手机平台的电子信息类专业课程混合学习教学实践

电子信息类专业课程一般理论和实践性强、软硬件技术综合、工程性要求高。随着学分制的推进，理论课内容多与课时少的矛盾突出，传统满堂灌式教学和一考定终身的考核机制，再加上生源多样化导致的基础参差不齐，导致学生厌学成风，课堂上低头族屡见不鲜，课上玩手机、期末突击备考成为常态，理论基础低下导致相关实验和课程设计效果不佳，学生懒得（或不会）动手，数据造价、报告抄袭现象严重。课程学习效果不佳，最终导致毕业生专业水平、综合素质低下，考研率持续走低，就业困难。作为一线教师，笔者所在课题组从2016年开始，以促进学生自主学习和个性化学习为目标，在电子信息类本、专科专业多个班级、年级和多门课程教学中进行了混合学习的教改试点。

1.混合学习模式教学设计要点

（1）构建功能完备的低成本智慧教学环境。智慧教学环境就是基于互联网、大数据、云计算、虚拟现实、移动学习平台的新型教育信息化环境。从自下而上的教学改革条件出发，课题组的混合学习实践研究选用了两款免费的移动教学工具——学堂在线和清华大学共同研发的雨课堂和北京智启蓝墨信息技术有限公司开发的蓝墨云班课。两款软件界面和使用方法有所差别，但均可充分利用现有的移动信息化条件，完整实现智慧教学所必需的"资源推送智慧化、交流互动立体化、评价反馈及时化、教学决策数据化"，充分体现自主学习理念，实现了手机移动学习和传统多媒体PPT授课的完美结合，为混合学习创造了较为完备的条件。在多门课程的教学试点中，选用了两种教学平台加以比较，实践证明两种平台都得到师生普遍认可。

（2）理论与实践课程一体化设计。在《数字电路》《EDA技术》《自动控制原理》《JAVA》《信号与系统》等电子信息类专业课程教学（涉及通识课、专业基础课和技术基础课）中，均涉及内容密切相关的理论、实验及课程设计环节。通过教师兼任理论与实践课程，整体组合设计和全程构建各教学环节，将理论与实践课统一安排在多媒体实验室，实现师生共同体"讲与做、学与思、看与练"模式下理论与实践学习环节融为一体，既有助于提高学习效率，又充分调动了学生兴趣和理论应用积极性，大受学生欢迎。

（3）问题—任务—项目导向的混合学习活动设计。混合学习任务的合理设计是自主学习有效推进的关键，通过设计将课堂面授和在线学习协同整合是教学设计的重点和难点。在实践中我们逐步形成了问题—任务—项目导向的混合学习活动方案。其要点如下：

1）以一次课堂学习或一次实践环节（一次实验或课程设计）作为一个学习单元安排活动，课堂学习与课下在线学习组合，以课堂学习为主、课下在线学习为辅。线下学习以基础型、复习型、较简单或拓展型知识点的解决为目标，设计系列问题引导学生展开自学。课堂学习以解决重点、难点问题或线下活动中反馈的共性问题为主。

2）通过对课程知识点的拆解、划分确定各单元学习目标，根据理实一体的原则设计系列化任务情境和实践项目。

3）针对每个学习单元的学习目标和任务情境，按照总分式、渐进式、对比式等方式进行活动组合。总分式活动组合是指将活动区分为较低层次子活动和较高层次子活动；渐进式活动组合是指将大的活动任务划分为若干个循序渐进式的子任务；对比式任务则是将知识点间具有强烈对比特征的学习任务相组合。

4）活动设计多样化、流程化。教师围绕知识点设计学习资源，利用学习任务单、项目任务书等形式提供导学。学习者课前针对初级、入门问题观看视频、课件、教材，完成较低层次或前端子任务的学习与测试，并通过在线交流将存在的疑问反馈给教师；教师根据学生课前线上学习情况，归纳提炼形成课堂问题系列，设计课堂活动方案，通过讲解、讨论、小组协作、个别辅导、项目汇报、测试等多样化形式，完成较高层次子任务或子活动，实现知识内化和深度学习；课后则通过作业练习、交互测验、讨论交流、拓展资源查看等后端活动，实现知识技能的巩固和知识迁移。

2.混合学习教学实践反思

（1）学生自主学习支持系统的持续改进问题。混合学习模式的初衷是学生自主学习能力的提升。但是，由被动学习到自主学习不可能一蹴而就，从不适应、排斥，到接纳直至悦纳、形成习惯，需要师生共同体长期持续努力。混合学习势必占用学生课余时间，在多门专业课程甚至学校推广到多数课程情况下如何实现学生低投入高产出的自主混合学习，需要站在课程群乃至专业高度，进行系统设计。高校校园网设施建设升级以保证网络通畅等基础设置保障问题和软件持续改进、优化师生体验也非常必要。

（2）首课设计至关重要。引人入胜的首课设计能够激发学生学习热情，首课师生约法三章是课程自主学习有效进行的良好起点，值得重视。首课最好在开学前提前启动，师生通过在线互动初步了解，引导学生加入课程云班课或微信群，建立学生对课程的期望；通过讲解课程与专业目标的关系，介绍课程地位、知识结构、学习方法，通过有趣的首课活动帮助学生了解学习流程、资源使用、测试、考查的方法，对学生课程学习节奏和学习纪律提出要求。

（3）教改的顶层规划与激励机制问题。使用移动教学平台进行混合学习设计是一种良好的教学模式，有效地促进了学生的自主学习，值得不断探索、持续改进、广泛推广。但是混合学习模式对教师信息化教学设计能力提出了新的挑战，需要校方面向教师群体进行全面规划与系统化培训；另外，教师为混合学习在教学设计、资源建设、学习活动设计与在线互动、评价等方面额外付出相当大的精力，尤其在目前"重科研轻教学"氛围下，需要高校教学管理部门对教师工作量进行适当认定、补偿、激励，否则，促进学生自主学习，实现教育产出成果持续优化仍是一句空话。

以上从自主学习和混合学习理念出发，针对当前地方院校工程类专业教学中存在的突出问题，利用"互联网+"条件下智能信息化技术的发展成果和免费的第三方移动教学平台软件，进行了促进学生自主学习的混合学习教学实践，通过不断改进、优化教学设计，细化学习活动设计，取得了良好的实践效果。新形势下高校学生自主学习能力的提高是一个综合性的难题，一线教师的积极探索持续改进不可或缺，社会及高校上下持续的制度促进和努力更为必要。

四、基于 SPOC 的混合学习设计

混合学习（Blended Learning）是网络学习（E-Learning）的发展进入低潮后，人们对纯技术环境进行反思后提出的一种学习理念，它将面对面的课堂教学、在线学习、自定步调学习的优势结合起来，采用多种传递模式来优化学习产出，达到最佳教学效果，为高校教学改革提供了一种思路，而 SPOC 作为从 MOOC 衍生出来的一种开放课程形式，其小众化和限制性准入的特点及完备的课程模式和平台设计则为混合学习的实现提供了足够的支持，提高了混合学习的效果。本节将研究分析 SPOC 下混合学习设计的优势，并应用于教学实践。

（一）基于 SPOC 的混合学习

1. 混合学习

对于混合学习，诸多学者都提出过自己的看法。Singh&Reed 这样描述混合学习，混合学习是"在'适当的'时间，通过应用'适当的'学习技术与'适当的'学习风格相契合，对'适当的'学习者传递'适当的'能力，从而取得最优化的学习效果的学习方式"。Driscoll 认为，混合学习意味着学习过程是基于 Web 的技术的混合，是多种教学方式和教学技术（或者非教学技术）的结合，是多种形式的教学技术与面对面的教学培训方式的结合，是教学技术与具体的工作任务的结合。何克抗教授是国内最早提出这个概念的专家，他认为混合学习是把传统学习方式的优势和网络学习的优势结合起来的学习模式，既发挥教师引导、启发、监控教学过程的主导作用，又充分体现学生学习过程的主体性、积极性和创造性。所以说混合学习强调最优学习效果目标下多种学习通道的结合，强调教师主导和学生主体地位的结合。

2. 基于 SPOC 的混合学习

SPOC 即小规模私人在线课程,它基于优秀的网络教学平台,具有种类多样的学习资源、高效精准的测验形式和多种沟通方式,这使得其与混合学习的结合顺理成章。基于 SPOC 的混合学习优势如下:

丰富学习通道,为混合学习的开展奠定基础。SPOC 平台将学生的学习从课堂扩展到网络,同时集聚各类教学资源,可以是微视频,也可以是动画、PPT、教案等其他形式。除此以外,SPOC 还提供了多种习题形式和测试功能。这些功能为混合学习的开展奠定了基础。

具备完善的课程管理功能,有利于提高混合学习质量。首先,SPOC 对学生采用注册学习的方式,限制学生人数,有利于教师管理;其次,在教学组织上可以按自然班,也可以根据学生基础重新分班,便于开展分层教学;再次,SPOC 平台具有强大的数据处理和统计功能,教师通过对统计结果的查询和处理,可以了解学生的参与情况及课后作业(测试)情况,并据此规范学生的学习活动,调整课堂教学的内容和进度,对有困难的同学开展精准帮扶,提高教学质量。

拓宽交互渠道,使师生、生生之间的交互更为深刻和广泛。师生、生生之间的交互包括线上和线下两种。线上交互可以随时提出问题,但是回答以文字形式居多,常有意犹未尽的感觉,且不能保证及时反馈,这样会导致提问者兴趣下降;线下的面对面交流,对问题的讨论比较充分,但是受时间和地点的限制。基于 SPOC 的混合学习综合两种交互途径,取长补短,师生双方可根据问题的特点,选择恰当的交互方式,既能保证学生保持饱满的学习热情,又能使交流活动充分深入。

教师的主导性和学生的主体性体现得更为充分。对于教师,通过对平台统计数据的分析,可以调整课程进度,改善资源质量,对数据异常的学生及时给予个别指导,发挥主导作用;同时在 SPOC 平台的支持下创新课堂教学方法,从知识的传授者转化为学生学习的引导者。对于学生,可以根据自己的偏好、习惯和学习基础,选择恰当的资源内容和形式,在合适的时间主动学习,体现出学生是学习的主体。

(二)基于 SPOC 的混合学习设计案例

在黄荣怀教授提出的混合学习设计框架的基础上,本研究将基于 SPOC 的混合学习设计分成前端分析和总体设计、详细设计、教学评价设计等三个部分,并应用于"Access 程序设计"课程。

1. 前端分析和总体设计

本阶段的任务是通过对教学对象、教学内容和教学环境进行分析,制定教学策略,形成总体设计报告。

"Access 程序设计"是一门面向大一学生开设的计算机基础课程，由于是新生，大多数同学都能服从教师的管理，但是由于生源问题，学生计算机水平参差不齐，学习能力、自我约束能力都不是很强，因此一刀切地实施翻转课堂模式显然不可行。通过具体分析学生的知识结构、认知特点及教学内容，教师设计了三种学习策略，对于简单的记忆性的内容，采用 SPOC+课堂测试的模式，由学生线上自学后在课堂上集中完成测试，以节省学时，提高效率；对于难度不大的内容，采用 SPOC+翻转课堂的模式，在课前线上学习的基础上，组织课堂讨论，解决难点问题；对难度较大、难理解的内容，采用 SPOC+课堂教学的模式，在线上预习的基础上，通过课堂上面对面讲解和讨论，帮助学生理解和掌握教学内容，保证教学效果。

2. 详细设计

详细设计是指根据教学单元的混合学习策略，进行学习活动设计和资源设计。

一般而言，混合学习活动设计分为课前、课中和课后三个部分。课前活动多为基于 SPOC 平台的自主学习，学生通过平台了解本单元的学习目标，完成学（预）习任务及测试；课中活动多为基于课堂的教学活动，可以是讲授、组织讨论、成果展示等形式，引导学生完成知识的内化和迁移；课后活动包括作业、拓展阅读、小设计等，可以基于 SPOC 平台，也可以基于面对面的线下交流，以巩固学习成果，扩充教学内容。混合学习的资源可以来自 MOOC 提供的精品资源，也可以改编和自制。资源内容包括课程简介、教学大纲、每章知识要点、章节习题和测试及相关课件，形式包括文字、视频、PPT 等。

3. 教学评价设计

基于 SPOC 的混合学习包含了线上、线下的多种学习形式，很难使用某种单一的评价方式，因此，在本研究中采用多种评价综合的方法，评价的主体不仅有老师，也有学生。具体而言，总成绩由平时成绩、过程化考核、期末成绩三部分组成，其中期末考试全校统考，线下完成；过程化考核由任课老师组织，基于 SPOC 平台完成；平时成绩中，线上、线下的作业完成情况和表现各占 50%。

相比传统教学模式，基于 SPOC 的混合学习综合了线上学习和线下学习的优势，拓宽了学习通道，改变了传统教学方式对学习时间和空间的限制，使学生能够随时学、随地学、反复学，真正实现了 Singh&Reed 所提出的"恰当"的学习。

第三节 翻转课堂教学设计

在教育信息化的今天,信息技术已逐渐应用于各科教学之中。翻转课堂对传统课堂进行颠覆,为教育教学工作注入新的活力。翻转课堂充分利用了丰富的信息化资源,使学生成为教学过程中的主体。翻转课堂运用于各学科教学之中,推动了教学的改革和创新。

一、翻转课堂翻转了什么

(一)教学形式的翻转

翻转课堂不同于传统的教学形式,是对课程新的探讨,是教学的一种新的方式。传统的课堂是"先授后学"。学生在完成作业的过程中,会遇到许多问题得不到有效解决,这样问题就积累下来,第二天,教师又会讲授新的知识,学生的问题得不到有效的解决,于是,问题积累越来越多,学生与学生之间的差距越来越大,学生的积极性逐渐下降,课堂效率不高。而翻转课堂对教学形式的翻转,提高了教学效率,适应学生学习的需要,推动了学习者由灌输式的学习向独立性学习的转变。

(二)教学流程的翻转

翻转课堂教学的出发点和落脚点都是学生,是对学生学习方式进行翻转,使学生由原来的"碎片化"学习向"整体化"学习转变。

传统的学习方式是学生按照教师所讲授知识的逻辑顺序进行学习,不利于学生自身学习的认识。而翻转课堂改变了学生的学习方式,学生不再局限于教师安排的"碎片化"的学习,而是根据自己的需要,开始"整体化"的学习。

(三)师生角色的翻转

翻转课堂颠倒了师生之间的角色,改变了传统课堂中师生所扮演的角色。教师不再在课堂中占领导地位,学生开始成为课堂的主体。课堂上,教师不需要完整地讲授教学的内容,而是通过导学案、微课程等方法帮助学生在课前进行知识的学习。

(四)教学管理的翻转

从传统教学来看,教师课上需要密切注视学生的动向。而翻转课堂翻转了课堂的教学管理方式,老师不需要像传统的教学一样,对学生在课堂上的表现进行严格要求,学生可以积极地互动交流来解决教学中的问题,提高课堂效果。

二、翻转课堂的有效环境

（一）专业的师资

学生在翻转课堂学习中所利用的学习资源都是由专业的教师进行制作完成的。翻转课堂的教学中，教师需要在上课前整理学生在课前学习中遇到的问题，根据这些问题及时对教学方案进行调整以保持教学的有效性。课上，教师对学生的薄弱环节进行系统地解答，提高了课堂的效率。在教学中，专业的教师在教学过程中承担着更多的责任。

（二）配套的设备

学习交流平台、移动设备、无线网络环境是实施翻转课堂的基础。教室环境和虚拟学习环境是保证翻转课堂顺利展开的重要一环。当前教学中，各种网络化的项目为翻转课堂的实施提供了良好的环境。

（三）优质的微视频

翻转课堂的教学实践中，运用最多的教学形式是微视频，微视频能帮助学生高效地完成课前知识的吸收和内化，启发学生的学习兴趣。因此，如何设计教学中的微视频，使微视频能够清晰明确地向学生传递学习的知识点，是有效实施翻转课堂的关键。当今社会，微视频的制作技术已经有了很大的突破，但是，翻转课堂教学设计中微视频的制作仍是当前教学教师关注的重点。优质微视频的制作，需要在制作时详细了解课程的内容，再将这些内容进行细化，进行微视频的开发。同时，优质的微视频还充分传递了教师的教学设计。

（四）课堂活动的设计

如何进行课堂教学活动的设计是翻转课堂教学能否顺利实施的关键。不管是在什么样的学习情景中，课堂的教学活动都是教师为提高教学效率，根据学生在课前的自学情况进行提前针对性的设计。

三、翻转课堂教学设计

（一）翻转课堂教学设计的原则

翻转课堂作为一种新兴的教学模式，是对传统课堂的一种延伸与发展，是对传统的教学方式的颠覆。笔者在深刻理解翻转课堂概念和内涵的基础上，结合教育信息化的发展，总结了翻转课堂的教学设计要遵循的几个原则：

1. 以学生为主原则

学习者是教学的主体，根据学习者的学习特点进行教学设计，教师并不是直接向学生传递知识，而是引导学生自己去独立思考和完成学习任务。翻转课堂教学要想充分体现学生学习的主体性和培养学生学习的自主性，就要充分考虑学习者的需要。

2. 情境性原则

学习总是处于一定的情境中的，翻转课堂的教学设计要遵循情境性原则。教师通过创设情境，来激发学习者的学习兴趣，更好地完成知识的传递和吸收。学生利用各种工具和学习资源来完成自己所处在各教学环境中的教学目标。翻转课堂要为学生创造多种机会在不同情景中学习知识。

3. 协作性原则

翻转课堂教学设计要遵循协作性原则。翻转课堂教学是学生在教师的组织下，课前自主学习知识，课上组织学生讨论交流。这种教学模式使学生在学习过程中，不断地与周围的人进行合作协商，来达到知识的共享和提升。学习者学习的知识相互共享，完成知识的意义构建。

4. 有效性原则

翻转课堂教学是通过学生与教师、学生与学生之间交流互动来进行的。学生和教师、学生和学生之间的交流互动不是简单的信息交流，而是教师利用教学平台来确定学生的学习情况，定位教师在交流互动中所扮演的角色，促进学生与教师、学生与学生之间交流的有效性。

5. 利用各种信息资源来支持"学"原则

翻转课堂教学中，有各种教学资源，这些教学资源并不是用来辅助教师用来在课堂上进行讲解和演示的，而是用来帮助学生自主在课前进行知识的学习的。在翻转课堂教学设计中，为保证课堂教学的有效性，我们应充分有效地利用这些信息资源，来支持学生学习的有效探索。

（二）翻转课堂教学设计的方法

翻转课堂教学要想实现科学化、系统化、最优化就要做好翻转课堂教学设计工作。翻转课堂教学设计是否合理关系着翻转课堂能否有效地支持教育教学工作。如何对翻转课堂进行教学设计、运用什么样的方法进行翻转课堂的教学设计，是我们需要研究的问题。

翻转课堂教学设计方法的选择是从"为什么学"开始入手，发现学生的学习需要和学习动机；根据教师的教学目标，明确教学过程中的三维目标，确定学生要"学什么"；根据学生的学习目标使学生掌握学习知识所应用的策略，明确"如何学"；最后，根据学生的学习情况对学习结果进行评价，及时对教学环节进行修改，保证教学的有效性。

（三）翻转课堂的教学设计步骤与内容

课前知识的获取和课堂知识的内化是翻转课堂进行教学设计的两个部分。整体化教育的思想是翻转课堂教学设计中很重要的一种思想。在翻转课堂教学设计中，先设计什么，后设计什么，才能保证教学效果最好，都是我们需要考虑的问题。下面分别从课前、课中和课后三个阶段对翻转课堂进行教学设计。

1. 课前设计

翻转课堂进行教学设计要有整体化的教学思想。整体化的教学思想不只是教师想着如何进行知识的传递，还要考虑其他方面的因素。课前设计应做的是：学习者特征分析、教学目标分析、教学内容设计、学习环境设计、课前任务设计、教学支撑设计。

（1）学习者特征分析。学生是翻转课堂教学中学习活动的执行者。促进学习者学习是教学设计的目的。在翻转课堂教学设计中，设计出符合学习者学习特点的个性化课堂，必须要充分考虑学习者的哪些因素和特征会影响学习的过程和结果。教师依据学生的认知水平、学习习惯、学习兴趣、学习需求等方面来进行设计相关的微视频、课件、探究性任务等教学资源，实现以学生的个性化为中心的学习。

（2）教学目标分析。教学目标是教学活动的出发点和归宿，教学目标要包含知识技能、过程与方法、情感态度价值观三方面的内容。教学目标设计是否合理直接关系着教学过程中教师的教和学生的学。教师可以把知识的学习分成知识、领会、应用、分析、综合、评价六个过程。采用布鲁姆教学目标分类法去设计教学目标，教学目标设计由小到大、由简单到复杂，一步步地去完成特定目标。根据结构性的特点，教学目标在设计时，要注意细化和分层。

（3）教学内容设计。教学内容的选定是根据学习者的学习需要来制定的。教师创设一定的教学情境来引导学生学习，启发学生思考，培养学生的学习能力。教师在对学习者特征和教学目标进行分析后，明确学习者学习的需要，对教学内容进行设计。教学内容的设计是以提高学生的学习能力为前提的。在翻转课堂中，教学内容的明确有利于促进学习者更好地进行课前自主学习和课堂互动。

（4）学习环境设计。翻转课堂教学中学生学习知识的获取都是在课前自主学习的过程中来完成的。因此为保证学生顺利地完成课前知识的获取，必须对学生自主学习的环境进行教学设计。对学生的自主学习环境进行设计要满足以下几点：为学生的无缝学习提供保障，使学生可以在任何时间、任何地点都可以通过移动终端来进行知识的获取。支持学生与其他学习者、教师之间无缝的沟通交流，学生可以通过互联网学习平台与教师、其他学习者随时展开互动交流。满足学生个性化学习的需要，根据不同的学习者的学习习惯，设计不同的学习资源。

（5）课前任务设计。了解学习者学习的特点是设计课前任务的前提。课前教学任务的设计是为了鼓励学生去想象、去合作、去探索。学习者在完成课前任务的过程中实现知识的获取和对自我的检测。

（6）教学支撑设计。教师在对学习者、学习内容、教学目标、教学环境、课前任务等进行分析后，开始对教学支撑进行设计。

微视频是针对某个知识点而精心制作开发的一种情境化、可视化的数字化学习资源包，是翻转课堂教学的主要支持形式。微视频的制作要遵循三个原则：针对性、碎片化、整体性。教师可以利用不同的方式制作微视频。微视频制作好后，教师将微视频上传到教育平台共享。学习者在充分了解教学目标和学习内容的基础上，根据自己学习的需要，自主下载微视频进行学习。

学生学习的"三维目标"是导学案设计的出发点和落脚点。教师制作的导学案要在学生自主学习之前发放给学生，学生根据导学案的要求，来完成对微视频的学习和对自己学习成果的检验。教师对导学案进行设计要保证导学案的有发、有收、有评。

2.课中设计

课中设计是根据学习者课前学习的效果进行设计。教师在课前以教学目标为依据，设计课前任务，运用一定的教学手段对学习者课前的学习情况进行检测和评价，了解其知识的掌握程度。

（1）确定问题。课堂上，问题的探究和解决是翻转课堂教学的中心。教师根据学生在课前自主学习的情况对问题进行确定，学生根据课前自主学习微视频和完成导学案的情况，发现自己在学习过程中存在的问题并记录下来，在课堂上提出疑问。

（2）独立探索。课堂不是简单的知识传递的场所。在翻转课堂教学中，教师应给出不同难度的问题和任务，让学生根据自身的学习水平和学习兴趣自主选择探究问题进行独立解决。学生在独立解决探究问题的过程中，有效地构建了自身的学习体系，培养自身创新和独立思考的能力。

（3）合作探究。翻转课堂教学中，教师对学习者进行教学，引导学生进行合作探究。翻转课堂教学可以将学生分为不同的学习小组。在小组内的每个成员相互帮助，取长补短。教师对各小组探究过程中遇到的问题进行个性化的指导。学生在合作探究解决问题的过程中，锻炼了自己与他人交往的能力，培养了自身的团队精神。

（4）成果交流。学生在独立探究解决问题，小组合作探索活动后，与同学进行成果共享。

（5）反馈评价。翻转课堂教学设计课中设计的最后一环是反馈评价。学生在课堂上，把自己在学习过程中遇到的问题及时反馈给教师，教师根据学生的反馈，及时对课程进行调整。教师针对学生的学习过程和学习结果进行综合性评价，来检测翻转课堂教学设计的有效性，同时依据学生反馈的学习情况，针对学生学习中存在的问题，布置课后任务。

3. 课后设计

课后设计是提高教学成果，提高学生的学习绩效，对课前的教学设计和课中的教学结果进行综合性的评价。课后教师对自己的教学过程进行反思：在教学过程中是否激发了学生的学习兴趣；是否达到了教学目标；是否培养了学生的团队合作意识和自主学习的能力。教师学生课后积极地完成教师布置的课后任务，并将完成课后任务的结果通过教学平台及时地反馈给教师，教师通过教学平台了解学生对课后任务的完成情况，为下节翻转课堂的教学设计奠定基础。教师和学生课后通过教学平台进行交流，发现教师在教和学生在学过程中存在的问题，教师和学生针对这些问题及时改正，促进教师和学生共同发展。

翻转课堂是对传统课堂的一种颠覆性教学模式，本研究在深入分析翻转课堂内涵的基础上，细化教学设计的流程，提出了翻转课堂教学设计步骤和内容。通过研究笔者认为，翻转课堂正逐步向着本土化、多学科交叉化等方向发展。希望本节对翻转课堂教学设计的研究探索，能为我国翻转课堂的研究和应用提供借鉴。

第四节 远程教育教学设计

远程教育起初在函授教育中得到了普遍的运用，其主要教学媒介是网络邮件，这些邮件往往是阅读性质的。随着广播和电视媒体技术的发展，远程教育开始转向视频录制和直播的方式进行电视广播教学，以至发展到现在，互联网环境下的远程教育开始自由化，尤其是移动互联网的发展，让远程教育的普及范围无限扩大。

一、现代远程教育的优势和发展趋势分析

相较于传统的面授式教育，远程教育的优势非常明显。首先是互联网的素材较为丰富，远程教育在互联网环境下，能够随时随地通过链接来展示教学素材，丰富多彩的视听资料能有效提高教学效率，并且这些素材可以通过云网络实时共享。其次，现代远程教育分为在线教育和离线教育两种，在时间和空间上，学生具有自主选择性，尤其适合在校学生课后补习和上班族空闲时间进行"充电"，同时，远程教育是所有教学模式中成本最低的，

不需要非常严格的教学场地和教学设施，而且不妨碍学生及时提问，即使存在一定的设备维护和损失费用，但长远下去，无疑是非常划算的。最后，远程教育存在广域的竞争性，因为不同的老师花费不同的心血，而选择权却在学生手里，所以远程教育机构要想争得客户群体，必然会认真研究具有吸引力的教学方法，来面对优胜劣汰的市场环境，这对于学生而言是有利的，相比于局限在某所学校里，远程教育的师资水平往往是久经考验的。

随着我国整体教育水平的提升，社会各行各业都存在激烈的知识竞争，终身学习和全民学习的理念早已深入人心，对于已经脱离学校或终究要脱离学校的全体大众来说，远程教育是扩充自身知识储备、提高实践技能的有效途径，目前各大门户网站的教育栏目也流量巨大，充分说明了现代远程教育具有长远的发展潜力，未来的远程教学课程也将在教学设计上精益求精，以吸引长期稳定的互联网客户。

二、远程教育模式中教学设计的一般步骤方法探讨

课程开发是远程教育教学设计的第一步，从目前我国的远程教育现状来看，较多地集中在应试教育和通识教育两个方面，应试教育主要表现在一些中小学网校，教师通过在线辅导，达到远程教育的目的；通识教育主要表现在一些演讲口才教学、职业素养培训和文化艺术交流等方面的公开课，这两种远程教育方向都收到了一定的成效，但从创新的角度来看，新课程开发是目前远程教育中极具发展潜力的，各行各业的知识和信息都是海量的，互联网环境下，远程课程教学必须严禁"雷同"，才能达到吸引学生、开展系列课程的目的，如果教师对某一行业具备教学水平和教学资格，那么在具体的教学设计上，应该分为三部分，即宏观、中观和微观，具体在教学设计上侧重哪一部分，要根据实际教学群体和教学目的而定，宏观教学主要是解决一些整体的框架理论结构和概念，所以在教学设计上，应该广征博引，体现各知识模块的联系和区别，中观教学主要需要通过大致的案例来初步探讨某知识点的原理和运用方法，而微观教学则偏向于专业人士之间的讨论和交流，往往伴随着具体的计算和理论证明，并附有权威详细的数据支撑。

对于已开发的远程教育课程，在教学设计上，需要循序渐进地推动课程的深入安排，并且能够得到相对稳定的群体关注，所以动态性、稳定性、可操作性和系统性是教学设计的主要思考方向。动态性表示教学设计要做到逐步深入，比如文科历史类远程教学，可以根据历史进程为主线，进行动态教学，让每一节课都有新知识和新想法，而稳定性则要求在每节课的教学设计中，都能保证稳定的兴趣点和课堂氛围，也就是说不能把所有趣味素材都集中在某一节课上，或者在某一节课上花大量精力，而其余课程则敷衍了事。可操作性表示课程教学中，对每节课的教学内容有整体的把握，比如这一节课有知识点没有讲完

或者时间不够，下节课能够通过加快进度予以弥补，从而保证课堂时间的一致性，不然提前结束教学或者拖堂都会引起学生的厌倦，最后的系统性表示一系列课程下来，能够让学生对所学习的内容有明显的整体把握，最好是教师在系列课程结束阶段对整个系列的内容专门花一节课进行总结和回顾，以达到统筹兼顾的目的。

三、现阶段远程教育面临的一些问题和对策研究

现代远程教育的发展已经初具规模，但要想得到长久的发展，及时总结当前阶段的问题很有必要。目前的远程教育课程在互动上有明显的不足，一方面有在线人数过多的原因，教师没有足够的时间进行一对一解答；另一方面，也是部分教师职业责任感的缺失，笔者认为设置互动专线能够有效解决这类问题。互动专线分为在线互动和电话咨询两种方式，在线互动是在课程结束后，教师增加一定单位时间进行在线答疑；顾名思义，电话咨询就是通过电话进行沟通，另外，可采用安排适量教师旁听，课上课后协助互动来解决一对一的时间不足问题。

另外，有很多学生反映，远程教育为了迎合大众文化水平，往往存在课堂内容较广泛的现象，这类反馈笔者认为值得深究。远程教育要想达到传统教育的水平，课堂内容上必须具备一定的专业性，至于部分学生因为文化水平有限而不能高效掌握，可通过分难度级别教学来解决，尽管过程有些烦琐，但"以人为本，因材施教"的教学理念，无论何时何地都不能忽视。

综上所述，远程教育在具备诸多优势的同时，对教学设计的深入研究是不容忽视的，否则这些优势将显得华而不实，反而降低了在线学习者对远程教育的信心和兴趣。总而言之，教学设计是一门艺术，需要广大一线远程教学工作者怀揣着对教育事业的热爱和责任心去精心雕琢。

第五节 信息技术与课程融合

随着教育现代化的发展，以多媒体和互联网为代表的信息技术正以惊人的速度改变着人们的生活和学习方式。为了适应信息化日新月异的发展趋势，基础教育课程改革纲要明确提出："要大力推进现代教育技术在教学过程中的普遍应用，促进信息技术与学科课程的融合，逐步实现教学内容的呈现方式、学生的学习方式、教师的教学方式和师生互动方式的变革，充分发挥信息技术的优势，为学生的学习和发展提供丰富多彩的教育环境和有

力的学习工具。"鉴于此,全国各地学校信息技术设施不断完善,教育信息化已经由普及发展迈入精细发展阶段,信息技术与课程融合从最初的计算机学科教学到多媒体辅助教学再到现在的电子白板互动课堂,信息技术的应用日趋成熟并成为当前热门的教学方式,促使教育教学发生了巨大变化。

一、信息技术与课程融合的内涵

在基础教育课程改革的新形势下,信息技术不仅被看作是教师教的工具、学生学的工具,同时也是教学环境的构建工具,更是学生获得知识与技能及情感发展的工具,可见信息技术与课程的融合是学科教育发展的必然趋势。具体地说,融合是指在学科教学中广泛应用信息技术手段,为课堂教学提供各类资源,创设适宜的教学环境,构建和谐、互动、高效的课堂。融合的目的就是通过学科课程把信息技术与学科教学有机地结合起来,将技术作为一种工具,提高教与学的效率,改善教与学的效果。目前,随着信息技术辅助教学手段和方式的普及,各地区和学校都在积极探索信息技术与课程融合的途径和方法。简而言之,信息技术与学科融合就是在新课程理念的指导下,以学科知识为载体,把现代信息技术作为师生认知工具和手段渗透到学科教学中去,从而有效地促进传统教学观念和教学方式的根本性变革,持续改善学生的学习方式,改善学习资源和学习环境,以便更好地实现培养学生创新精神与实践能力的课程目标。

二、信息技术在教学中的优势

(一)信息资源丰富多样

信息技术和互联网技术的飞速发展,为学生的学习提供了丰富多样的学习资源。充分利用信息技术辅助教学可以有效激发学生的学习兴趣,让学生通过多种感官参与学习、获取知识,拓展他们的认知和经验。

(二)信息传播速度快、处理高效

网络资源具有共享性、容量大、传播速度快、形式多样等特点,各类信息处理起来自动高效。教师和学生可以充分利用这些特征,在网络中更加方便地查阅、加工、使用各种信息,有利于提高教学活动和学习活动的效果和效率,同时也为学生的自主、合作、交流学习提供了更多自由选择的机会。

(三)课堂交互性、合作性强

网络通信技术的发展为教育提供了信息共享与交流的有效方式,基于计算机的数字媒体具有很强的动态交互性，可以实现一对一的交流，也可以实现一对多或者多对多同时参与的交互，这样大大促进了学生、教师、家长之间的沟通交流，同时也有利于学生间进行合作学习。

三、信息技术与课程融合中存在的问题

教学中，教师可以根据课标要求、教学目的和教学内容，利用信息技术创设形象逼真、让学生身临其境的教学环境和生动活泼、利于学生交流互动的教学氛围。但在具体的教学实践中，信息技术与课程融合过程中的一些问题也日渐暴露出来，信息技术与课程深度融合存在的误区，主要是对融合的深度认识不足，以至于在教学实践中，信息技术对课堂教学的促进作用不能充分展现。比如有些教师虽然有意识地将多媒体技术及一些学习系统平台应用于实际教学中，但对信息技术环境下教学活动各要素缺乏系统的科学性整合，最终书本知识被原汁原味地演绎成所谓的多媒体课件，这种融合观指导下的课堂实效可想而知。学生的学习方式、教师的教学方式、师生交流互动的方式和教学内容等并无大的改进。这些问题的存在，使得信息技术辅助教学的优势并未真正发挥出来。

（一）教学中信息技术喧宾夺主

在大量的课程调查中发现，许多教师仅仅把信息技术作为教师讲解知识及演示实验的工具，课堂成为视频、动画、图片等素材堆砌起来的展示课，信息技术设备沦为多媒体播放器。学生看得多，真正参与课堂学习的时间很少，学生的主体性没有得到充分发挥，只是被动地接受大量信息，记忆式的学习知识，在课堂上真正入脑入心的收获少之又少。课堂教学应该是以学生为主体、教师为主导的教与学的互动过程，而在实际教学中，未能充分发挥信息技术的作用，课堂教学仅仅是多媒体和白板的简单叠加，教师沦为机器展示操作员和课件讲解员，这样表面看似信息化的课堂，实则非常传统。课堂失去了活力，学生被动地接受学习内容。教师形象的肢体语言、示范性的课堂板书演示、实验的操作技巧、教具的创新使用等传统教学方式的优势全部消失得无影无踪，教师的教学毫无感染力，学生学习效率低下。

（二）一味追求华丽的课件设计

有些教师为了活跃课堂气氛、吸引学生的注意力，将各种教学资源叠加在课件中，将教学课件设计得十分花哨，殊不知太过华丽的课件设计反而会分散学生的注意力。有些教师过分追求大容量、高效率的课堂节奏，甚至连一些必须由教师板书示范的解题过程等内容也用课件播放的形式代替，导致学生课堂上一看就会，课后练习训练和试题测

验一做就错。

（三）无视信息技术的强大功能

以交互式电子白板为代表的信息技术，以其强大的功能和显著的使用效果深受广大师生喜爱，然而一些年龄偏大的教师由于教育理念的落后、缺乏必要的培训，仅仅把它当作播放课件的工具来使用，未能充分发挥其特有的交互功能，没有把"教学活动是师生积极参与、交往互动、共同发展的过程"的主要理念落到实处。

（四）缺乏信息技术教学实施策略

（1）由于认识上的误区、制作及操作技术不过关、使用不合理等原因，有些教师甚至直接把网络上的课件用在自己的课堂教学中，没有根据教学目标、教学内容和学生实际学情做必要的预设和改进，没有充分发挥信息技术与学科课程融合的作用和优势，自然没有收到应有的教学效果。

（2）信息技术的应用使得教学节奏和进度加快。部分教师唯恐课堂内容过于单薄，故将很多教学资源都纳入课程设计中，以期让学生在短短的 40 min 内全盘接受。殊不知过于复杂的教学设计，反而会剥夺学生记忆、想象、思考、理解的时间与空间，扼杀学生的想象力与创新思维，不利于学生各方面的发展。

五、信息技术与课程融合的对策

融合的目的是为了优化教学方法，以便更好地完成教学目标。下面，笔者根据自己的教学实践，谈谈对信息技术与课程融合的认识。

（一）信息技术与课程融合要更新理念

在教学实践中，信息技术与课程融合之所以出现偏离教学目标的现象，就是因为教师的教学理念、教学思想没有紧跟时代步伐，没有针对新课改的要求树立"以生为本"的教育理念，仅仅把现代信息技术作为教师讲解演示的工具，课堂中没有充分留给学生动手、动脑的实践机会，学生的主体性没有得到充分激发，这实质上仍然是一种"换汤不换药"的注入式教学。因此，更新教师的教学理念和教学思想，远胜于实现教育技术手段的现代化。

在课堂教学中，我们要把信息技术作为优化情境创设的工具、开拓学生创新思维的工具和帮助学生自主探究的工具，让学生在喜闻乐见的多元化学习中学有所得。

（二）信息技术与常规教学手段要互补

信息技术的强大功能确实有其优越性，但它只是实施教学的一个重要方面，并不是唯一的，其他常规教学辅助手段的许多特色功能也不容忽视。信息技术教学手段要与传统的教学手段有机融合，使信息技术教学真正成为提供优质的教育资源、促进学生发展的有效手段。

在实际教学中，教师应根据教学需要选择合适的教学辅助方式，使各种教学手段优势互补，有针对性地选择、使用信息技术，充分发挥其优势，克服其带来的不利影响，只有正确地权衡利弊，才能使信息技术更好地服务于教育教学，提高课堂教学效果。

（三）信息技术与课程融合要加强教师培训

信息的获取、分析、处理、应用等能力，已成为教师所必须具备的基本能力和职业素养。因此，在信息技术与课程融合中要加强教师培训，培训主要包括以下两方面内容：一是使用信息技术教学的新课程理念培训；二是使用信息技术教学的操作技能培训。通过培训使一线教师适应现代化的教育思想、教学理念，树立使用现代信息技术有效辅助教学的意识，熟练掌握现代化的教学方法和教学手段，能够运用信息工具对教学资源进行有效地收集、加工、集成、融合、运用，从而不断优化教学结构，提高课堂教学效益。

（四）信息技术与课程融合要讲究策略

现代信息技术能够创造出图、文、声、色并茂的教学环境，可以把刺激学生多种感官参与学习的各种媒介组合起来，为教师的教学提供形象直观的教学手段，营造有利于学生学习的信息化学习氛围。合理地运用现代信息技术辅助教学，使之与课堂教学有机融合，能够有效突出教学重点、突破教学难点，使抽象的问题具体化、枯燥的问题趣味化、复杂的问题简单化，加深学生对教学内容的理解。学生在课堂中与师生交流互动，学习起来入脑入心，极大地提高了课堂教学效率。

面对不可逆转的技术发展和时代变化，教与学正在信息技术的参与下重新磨合。我们既需要信息技术带来的活力与生机，又必须准确把握其使用分寸。在全面了解信息技术与学科融合优势的基础上，提升教师对信息技术的理解和应用能力；在保持传统课堂教学特质的基础上，实现突破与创新。

参考文献

[1] 刘宇, 虞鑫, 许弘智, 等. "双创"背景下创新教育的实践、效果与机制研究 [J]. 现代教育技术, 2015.25(11): 106-112.

[2] 陈从军, 姚健. 双创背景下高校辅导员工作的思考与探索 [J]. 科技创业月刊, 2016.29(13): 64-65.

[3] 刘国余. 会计双语课程柔性教学模式探析 [J]. 商业会计, 2016(24): 119-121.

[4] 杨思林, 王大伟, 唐丽琼, 等. "双创"背景下高校课程考试改革的思考 [J]. 教育教学论坛, 2016(46): 77-78.

[5] 许彩霞. 创新创业背景下应用型高校人力资源管理专业实践教学体系改革研究 [J]. 鸡西大学学报, 2016.16(4): 23-26.

[6] 马一铭. 大学生自主创业的困境与对策分析 [D]. 西安理工大学, 2015.

[7] 黄杰. "许昌模式"背景下大学生创新创业教育模式探索 [J]. 决策探索, 2016(18): 38-39.

[8] 孙海英. "双创"背景下文科大学生创业现状、机遇及对策分析 [J]. 成都航空职业技术学院学报, 2016.32(4): 15-18, 22.

[9] 张格, 高尚荣. 以高职生学习动力机制为导向的高职教育教学改革 [J]. 江苏科技信息, 2016, (34): 37-39.

[10] 吴颖珊. 高校教育教学改革的动力机制探讨 [J]. 重庆科技学院学报(社会科学版), 2012, (01): 165-167.

[11] 曹月盈. 高校计算机基础教育创新教学模式探究: 评《高校计算机教育教学创新研究》[J]. 教育评论, 2017(5): 166.

[12] 荆媛, 唐文鹏. 新时代下高校思想政治教育教学方法创新研究: 以主旋律歌曲为视角 [J]. 中北大学学报(社会科学版), 2017, 33(1): 65-68.

[13] 周湘林. 以学生学习为核心的高校教师教学评价方法创新研究 [J]. 现代大学教育, 2017(1): 93-97.

[14] 华宝元. 教育管理学四大范畴视角下高校体育教学管理创新研究 [J]. 广州体育学院学报, 2017, 37(1): 107-109.

[15] 李小兵. 互联网媒体视角下高校体育教学创新研究 [J]. 赤子(下旬), 2017(1).

[16] 吴小川. 高校音乐教育教学模式的创新研究 [J]. 魅力中国, 2017(1).

[17] 王天恒.从毕业生质量追踪探究高等学校本科教学改革[D].西南交通大学，2007.

[18] 王淼.我国高校教育改革模式研究[J].教育现代化，2016，3（27）：284-285+288.

[19] 苗峰.高校课堂教学管理现状及对策研究[J].兰州教育学院学报，2015.

[20] 李友良，何勇.高校教学管理信息化的现状及对策[J].教育与职业，2015.

[21] 柳亮.高校教学管理人员继续教育现状及对策[J].继续教育研究，2014.

[22] 王廷璇.浅析高校教学管理现状及改革对策[J].新西部旬刊，2011.